KB052967

워렌 베니스 & 로버트 타운센드 리더를 말하다

워렌 베니스 & 로버트 타운센드

황금부엉이

워렌 베니스 & 로버트 타운센드 리더를 말하다

2006년 10월 4일 초판 1쇄 인쇄
2006년 10월 11일 초판 1쇄 발행

지은이 | 워렌 베니스, 로버트 타운센느
옮긴이 | 양영철
펴낸이 | 이준원
펴낸곳 | (주)황금부엉이

주소 | 서울 마포구 서교동 353-4 첨단빌딩 4층
전화 | 02-338-9151(편집부) 02-338-9128(영업부)
팩스 | 02-338-9155(편집부) 031-955-0510(영업부)
홈페이지 | www.goldenowl.co.kr
출판등록 | 2002년 10월 30일 제 10-2494호

실용서 사업본부장 | 홍종훈
편집진행 | 고호장
본문 디자인 | 성인기획
영업 | 신용천
제작 | 구본철

ISBN 89-6030-117-5 03320

• 지은이 노트 •

나는 이전에 로버트 타운센드와 어울리면서 리더에 관해 토의했었다. 나는 여전히 조직의 올바른 경영방법, 직원들의 사기와 능률을 향상시키는 방법, 고객관리 방법 같은 것에 대하여 그와 이야기 나누는 것을 좋아한다.

1967년 어느 날, 내가 MIT에서 강의하던 시절이었다. 로버트는 나를 초청했다. 당시 로버트는 에이비스(AVIS) 사를 구제한 매우 유명한 사람이었다. 그는 절망적이었던 에이비스 사를 회생시켰다. 에이비스 사는 헐값에 처분될 상황에서 당시 최고 주가를 떨치던 헤르츠 사를 위협할 정도로 성장하게 되었다. 로버트는 빈틈없이 일을 진행하였다. 회사 구조조정 중에 그가 가장 중점을 둔 것은 고객서비스와 직원 권한의 분산이었다. 그러한 방침은 톰 피터스, 켄 블랜차드를 비롯해 우리 모두에게 인기가 있었다. CEO가 되어 첫 출근하던 날 그는 에이비스 사와 친숙한 빨간 재킷을 입었다. 그리고 '당신의 말을 지배하라' 라는 말을 되뇌었다.

로버트는 에이비스에서 은퇴하고 나서 책을 출간하고자 나를 불렀

다. (에이비스를 은퇴하긴 했지만 그는 매우 젊은 나이였다.) 그의 인생에는 영웅이 두 명 있었는데, 한 명은 더글러스 맥그리거였고, 또 한 사람은 피터 드러커였다. 그중에 더글러스 맥그리거가 나의 스승이었기 때문에 로버트는 내 도움을 받고자 했다. 그는 나를 통하여 맥그리거의 아이디어를 좀더 배울 수 있게 될 것이라고 생각했다. 그는 나를 방문하려고 보스턴으로 왔고, 집 문 앞에서 나를 세 시간이나 기다려야 했다. 우리는 주말을 함께 보내며 끊임없이 대화를 나누었다. 나는 로버트처럼 훌륭한 CEO를 본 적이 없다. 그러나 무엇이 그를 훌륭한 CEO로 만들었는지 도저히 알 수 없었다. 상류계급 생활이나 프린스턴, 그리니치 같은 그의 성장 배경도 아무런 단서를 주지 못했다. 그러나 우리는 곧 인생의 벗이 되었다.

아직도 나는 무엇이 로버트의 정신을 활기에 넘치게 하는지, 열정에 넘치게 하는지 모른다. 친구이자 서던캘리포니아대학교 동료인 짐 오툴이 있다. 짐은 로버트의 친한 친구이기도 하다. 짐도 무엇이 로버트를 특별하게 하는지 그 이유를 모르겠다고 말했다. 그리고 다음과 같이 덧붙였다.

"내가 알고 있는 것 중 하나는 로버트가 끊임없이 질문한다는 사실이다. 예를 들면 '어떻게 하면 사회시설을 더 많이 지을 수 있을까?' 같은 질문이었다. 그러한 것들이 그를 훌륭한 CEO가 되게 하는 것 같다."

1970년대에 로버트의 저서 중에서도 『조직 강화(Up the Organization)』는 〈뉴욕타임스〉의 베스트셀러 중 넘버원이었다. 그리고 한 달 이상 베스트셀러 1위를 지켰다. 파괴적이고 아이러니한 책 제목은 수백만 독자의 주의를 끌기에 충분했다.

1995년, 나는 리더십의 재발견에 관한 책을 로버트와 같이 펴냈다.

바로 『워렌 베니스 & 로버트 타운센드, 리더를 말하다』이다. 대부분의 시간, 우리는 용기 있게 경영하려는 사람들에 관해 거리낌 없이 대화를 나누었고 그 내용을 공동 집필했다. 우리는 대화를 통하여 우리가 확신하는 신념과 경험에 따른 변화를 접목시켰다. 그런 대화를 기록하고 대화 내용을 구체화하여 유용한 책을 만들기로 했던 것이다. 또 본문 내용에 의미를 부여하기 위해 연습문제를 추가하기도 했다. 우리가 이 책을 발행하기 위해서 나눈 이야기를 살펴보면, 이 문제에 대한 내 의견에는 변함이 없다.

최근 10년 동안 세계적으로 많은 일이 일어났다. 테러리즘, 과학기술 발전, 태풍, 쓰나미, 민족학살, 아시아의 급성장, 자연 순환계의 혼란, 그 밖에도 많은 일이 일어났다. 훌륭한 지도자들은 이런 일에 예민해지기 위해 노력해야 한다. 로버트와 나는 이 책을 통해서 그런 일을 이루고자 했다. 이런 측면에서 나는 교훈도 유효기간이 있어야 한다고 생각한다. 로버트가 말한 교훈으로 글을 마치려 한다.

"부하 직원들이 더 활기차고 정력적이고 창의적이 되면 직원들이 노력한 결과에 따라 당신은 영웅이 될 수도 있다. 당신이 직원들에게 감사하는 동안 당신은 이미 많은 것을 이루었다는 것을 알게 될 것이다."

이 책을 통하여 당신은 왜 내가 아직도 로버트와 함께 지내기를 원하는지 알게 될 것이다.

워렌 베니스

• 추천의 말 •

오늘날 기업을 비롯한 대부분의 조직은 새로운 리더와 리더십에 대해 갈망하고 있다. 하지만 아직도 많은 사람들은 리더십을 절대 권력, 군대식 명령과 통제, 일인 통치와 혼동하고 있다. 그러나 저자들은 21세기 새로운 경영 환경에 적합한 리더는 부하 직원의 신뢰와 충성, 열정과 활력, 두뇌와 아이디어를 잘 이끌어내는 사람이라고 분명히 말하고 있다. 현재 그리고 조만간 다가올 미래에 적합한 리더십은 과거와 분명 다르다는 것을 인식하는 것이 중요하다고 역설하였다.

치열한 경쟁과 시시각각 변하는 복잡한 경영의 세계에서 경영자 혼자 할 수 있는 것은 아무것도 없다. 이제 경영자는 리더가 되어 비전을 만들고, 구성원들과 함께 변화를 주도해야 한다. 그리고 부하 직원의 열정과 능력을 이끌어내기 위해서는, 창의적인 이견을 환영하고, 보상하며, 사람들이 기꺼이 위험을 감수할 수 있는 분위기를 설계하는 것이 필요하다.

사실 수많은 책들이 리더의 자질을 언급하고, 리더십의 특징을 설명하고 있지만, 이 책처럼 읽기 쉽고, 이해하기 편하게 서술된 책도 없는 것 같다. 리더와 리더십에 관한 두 전문가들의 간결하면서도 의미 있는 대화를 보면, 결국 리더십의 본질은 부하 직원들로 하여금 자신이 하는 일에서 의미를 찾도록 하고, 자신이 속한 조직에 대해 자부심을 느끼도록 만드는 것이라는 생각이 들었다. 조직에 우수한 사람들을 모으고 그들을 떠나지 않도록 하는 것이 리더의 중요한 역할이다. 하지만 평범한 사람들을 모아서 비범한 성과를 낼 수 있는 것도 역시 리더십이 있어 가능한 일이다.

물적자본의 중요성에 대한 자각을 통해 근대 자본주의가 시작되었다. 하지만 21세기 지식경제시대에는 지적자본이 물적자본보다 더 중요한 역할을 하게 되었다. 그리고 바로 구성원 개개인이 보유한 지적자산을 효과적으로 끄집어내고 이를 결합시키는 과제야말로 리더가 해야 할 핵심 역할로 부상하였다. 리더가 되고 싶거나, 본인이 리더인지 궁금한 사람들에게 꼭 이 책을 권하고 싶다.

이동현(가톨릭대학교 경영학부 교수)

• 머리말 •

예전의 리더십 스타일에서 새로운 리더십으로 전환하는 일은 모든 조직의 최고경영자들이 당면한 도전이다. 과거의 군대식 명령과 통제의 리더십은 구시대적인 방식이 되고 말았다. 포스트 다운사이징, 수평경영의 시대인 오늘날에는 새로운 방식의 리더십을 요구한다. 이제 당신에게 물어볼 순간이 다가왔다. 당신과 당신의 조직은 이런 새로운 기준을 이미 받아들였는가. 아니면 여전히 구시대적인 방식에 매달리고 있는가?

우리는 『워렌 베니스 & 로버트 타운센드, 리더를 말하다』에서, 이 새로운 리더십 개념 정의에 도움이 될 다음과 같은 쟁점을 논의하려 한다. 새로운 리더에게는 어떤 자질이 필요한가? 낡은 방식은 무엇이 문제인가? 어떻게 하면 새로운 리더가 될 수 있는가? 또한 오늘날 기업이 나아가야 할 리더십의 방향을 더 깊이 알아본다.

이 책을 읽으면서 머릿속에 떠오르는 의문점은 무엇이고, 당신이 속한 조직과 관련된 문제는 무엇인지 생각해보기 바란다. 각 질문의 마지막 부분에는 대화가 있다. 이 훈련은 당신과 동료의 토론을 자극

하기 위해 만들었다. 대부분의 경우, 리더십과 관련된 대화를 하려면 다른 사람이 필요하다. 어떤 때는 조를 만들어 대화를 나눠야 할 경우도 있다. 대화를 나누면서 언급했던 내용은 기록했다가 나중에 활용할 수도 있다. 이런 훈련은 당신이 속한 조직의 문제나 정책에서 더 많은 통찰력을 얻으려는 수단으로 활용할 수도 있다. 당신은 개발해야 할 새로운 쟁점이 무엇인지도 알게 될 것이다. 새로운 가능성에 당신 자신을 드러내보라. 그러면 당신만의 리더십 스타일을 재발견하기 위한 새로운 깨달음을 얻을 것이다.

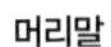

CONTENTS

LEADER

WARREN BENNIS

제 1 장

리더의 재발견

과거의 리더십 스타일은 무엇이 문제인가?

리더와 관리자의 차이는 무엇인가?

어떻게 해야 리더가 될 수 있을까?

ROBERT TOWNSEND

과연 어떤 사람이 오늘날의 리더를 상징할까? 리더의 위치에 있다는 말이 반드시 '절대 권력'을 갖고 있음을 의미하지는 않는다. 사실 오늘날의 리더는 좀더 협력적인 경영방식을 취하여 더 많은 이익을 얻고 있다. 다른 말로 하면, 리더는 경영 세계에 첫발을 내디디면서 자신이 이끌어갈 사람들의 잠재력을 공급받아 그것을 활용할 것이다.
오늘날 비즈니스 환경은 조직을 운영하는 사람에게 새로운 정의를 요구한다. 급속도로 변화하는 기술, 줄어든 노동력, 광범위한 기술 습득의 중요성 때문에 리더는 이전보다 더 유연해져야 한다. 이렇듯 점점 더 세계화되는 노동력에 영향을 미치려는 리더에게 남겨진 유일한 선택은

과거의 리더십 스타일은 무엇이 문제인가?

타운센드 | 예전의 전형적인 리더십 형태를 설명하겠습니다. 과거의 시대착오적인 리더는 자신의 조직에 있는 사람에게 이렇게 말했지요. "내가 천하고 어리석은 당신들에게 회사에 나와 즐겁고, 활기차고, 창조적으로 일하라고 명령했고, 불가능한 업무를 완수하라고 했지요. 그래서 나는 부자가 되었고, 유명해졌고, 세계를 여행하며, 나처럼 중요한 인물과 골프를 치면서 호화로운 삶을 살게 되었지요. 어쨌든 나는 당신들이 야외 주차장에 주차하길 바라며, 내 이름이 적힌 빈 주차 공간을 지나치면서 무거운 발걸음으로 걸어가길 바랍니다. 그리고 내가 멋진 커피 잔으로 커피를 공짜로 마실 때, 당신들은 커피 값을 내길 바랍니다."

이는 낡은 방식이었지만 효과도 있었습니다. 큰 기업이 몇 개 세워

경영에서 위험을 줄이는 일이다.

이 장에서는 현재의 비즈니스 환경에서 변하는 리더십 역할과 관련된 로버트 타운센드와 나의 기본적인 생각을 소개한다. 유능한 리더가 적용해야 할 광범위하고 원초적인 원칙에 대한 이해는, 당신에게 요즘 기업이 범하기 쉬운 실수를 방지하게 할 것이다. 우리가 유능한 리더십을 구성하는 기술과 전략을 깊이 고려할수록, 당신은 리더십이 기술과 과학으로 복잡하게 어우러진 사실을 알게 될 것이다.

– 워렌 베니스

졌고, 기업들도 그런 종류의 리더와 함께 번창하기도 했습니다. 하지만 그런 시절은 이미 지나갔습니다.

베니스 | 당신은 분명 그런 방식이 왜 효과가 있었으며, 언제 효과가 있고, 오늘날에는 왜 효과가 없는지 이상하게 여기겠지요. 〈정오의 출격〉이라는 훌륭한 옛날 영화를 보면, 그레고리 펙은 사기가 꺾인 부대를 떠맡습니다. 그는 명령과 통제 방식으로 부대에 활력을 불어넣는 사람의 전형으로 묘사됩니다. 영웅 신화의 연장선으로 볼 수 있지요.

그러나 우리는 모든 해답과 특권을 자신이 갖고 있다고 생각하는 사람에서부터 직원들에게 해답을 찾게 하는 사람까지 염두에 두어야 합니다. 낡은 방식은 이제 효과가 없습니다. 그런 방식은 관료제와 일인통치를 구체화한 것으로 잠깐 동안 효과가 있을지 모릅니다. 관료제 개념은 예측 가능하고 질서정연한 환경에서는 완벽한 체계가 될 수 있어요. 그런 환경에서 리더가 성공한 이유는 2년 뒤에 무슨 일이 일어날지 예측했기 때문이지요.

타운센드 | 잠깐만요. 워렌! '직원'이라고 부르는 게 '부하'나 '하급자'보다 훨씬 낫지요. 지금까지 우리는 동료나 동업자로 생각하는 게 더 낫다고 생각했고 그렇게 불렀어요. 그런데 당신은 왜 명령과 통제가 오늘날에는 효과가 없다고 생각하나요?

베니스 | 오늘날 우리는 기술이 사고방식을 변화시키는 환경에서 살기 때문입니다. 오늘날 민주주의는 숙명이고, 세계는 신문을 읽을 때마다 정신적으로 혼란을 느낄 만큼 변화가 심합니다. 오늘날 세계화되어 새로운 국제정세에서 예전의 리더십이 효과적일 수 있는 이유를 전혀 모르겠어요.

타운센드 | 분명히 말해 보세요. 왜 효과가 없을까요?

베니스 | 이유는 이렇습니다. 1990년대 이후부터 경쟁에서 승리할 수 있는 비결은 지적자산을 창출할 수 있는 체제를 구축하는 역량입니다. 위의 문장에서 중요한 단어가 지적자산입니다. 지적자산이란 아이디어(사상), 노하우, 혁신, 지식, 전문기술을 의미하지요. 바로 이것들이 차이를 만듭니다. 구조조정이나 리엔지니어링으로는 일정한 지점까지 발전할 수 있지요. 그러나 영원히 번영할 수는 없습니다. 번영을 위해서는 혁신이 필요하지요. 또 혁신을 이루기 위해서는 두뇌와

아이디어와 지식이 필요합니다. 어리석고 진부한 형태의 관료제, 명령하고 통제하는 리더십 아래에서는 두뇌와 아이디어가 있는 유능한 인재를 끌어들여 머물게 할 수 없습니다. 채찍과 쇠사슬로 아이디어를 이끌어낼 수는 없잖아요. 당신은 직원들에게 권한을 위임하고, 지원하고, 새로운 방식을 추구하게 함으로써 훌륭한 인재를 얻을 수 있을 겁니다. 맥스 드 프리(Max De Pree) 말처럼, 다른 사람의 재능을 위해 당신의 자만심을 버려야 합니다. 그게 바로 당신 질문에 대한 대답입니다.

타운센드 | 위대한 리더는 위대한 대통령과 비슷합니다. 몇 년 전에 나는 역사학 교수이자 작가 로버트 소벨에게 물었지요. "이 나라에는 언제쯤 위대한 리더가 나타날까요?" 소벨이 나를 똑바로 쳐다보더니 대답했어요. "아쉽게도 제가 살아 있는 동안에는 없을 것 같군요. 위대한 리더는 필연적으로 미국이 곤경에 처했을 때 미국을 맡게 되거든요!"

베니스 | 저는 위대한 대통령은 다른 위대한 리더처럼 적어도 세 가지를 갖고 있어야 한다고 생각합니다. 첫째 강한 신념, 둘째 헌신적인 지지자, 셋째 목표를 달성하기 위해 폭넓은 지지자를 확보할 수 있게 자신의 위치를 활용하여 영향력을 발휘하는 역량이죠. 이 기준은 국가적 수준에 있는 리더에게 필요하지요. 그리고 그런 비전은 지역적 수준에 있는 조직에게 필요합니다. 반면 관료제는 진정으로 리더십을 장려하지 않아요. 최고의 조직은 리더를 육성하는 조직입니다.

타운센드 | 제가 생각하는 세 가지를 말하겠습니다. 그러나 당신이 '적어도' 라고 한 점은 기쁘군요. 저는 대통령에게 필요한 첫째 자질은 인격이라고 생각합니다. 거기에 경험, 지식, 활력이 필요하죠. 거기에서 강력한 신념이 비롯되지요. 걱정하지 마세요. 영향력이나 헌신적인 지지자는 자연히 뒤를 따를 테니까요.

대화의 시작 과거의 리더십 스타일은 무엇이 문제인가?

1 역할극 대화 당신과 상대방은 토론에서 서로 다른 입장을 취한다. 한 사람은 명령하고 통제하는 리더를 옹호하고, 다른 사람은 그런 리더십 스타일을 공격한다. 자기 회사 사람은 제쳐두고, 명령과 통제로 리드하는 리더의 특징과 전형에 초점을 맞춘다.

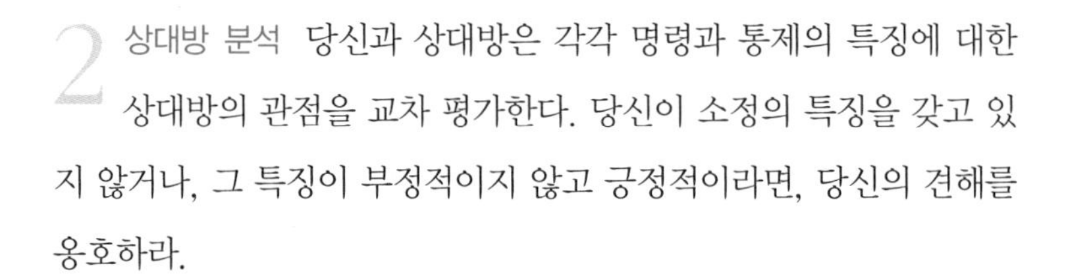

2 상대방 분석 당신과 상대방은 각각 명령과 통제의 특징에 대한 상대방의 관점을 교차 평가한다. 당신이 소정의 특징을 갖고 있지 않거나, 그 특징이 부정적이지 않고 긍정적이라면, 당신의 견해를 옹호하라.

3 집단 대화 집단 대화를 위해서는 3~5명이 참여해야 한다. 주제는 "당신의 CEO가 이상적인 대통령의 세 가지 특징, 즉 강력한 신념, 헌신적인 지지자, 지위를 활용하여 영향력을 발휘하는 역량이 있는가?" 이다. 집단의 구성원 가운데 한 명을 리더로 지정하여 주제와 관련된 대화를 이끌게 하고, 한 사람이 집단을 지배하는 것을 피한다.

리더와 관리자의 차이는 무엇인가?

타운센드 | 저는 관리자로 일할 때 제 능력의 20퍼센트만 발휘했던 것 같아요. 자유롭게 행동할 수 없기 때문에 그것도 상당히 높은 것이죠. 다른 사람이 결정하거나 승인할 때까지 기다려야 했으니까요. 아니면 실수할까 봐 두려워했던 것일까요. 그러나 제가 리더로 일할 때는 신이 났고, 자유로웠고, 기발한 아이디어가 넘쳐났고, 활기찼으며, 두려움이 없었습니다. 제 능력의 80퍼센트 이상을 발휘한 것 같습니다.

베니스 | 그 차이를 정의할 방법은 없나요. 리더는 제대로 된 일을 하는 사람이고, 관리자는 일을 제대로 돌아가게 하는 사람이지요. 즉 리더는 지시나 비전, 목적, 목표, 의지, 성과, 효율 등에 관심이 있습니다. 반면 관리자는 능률이나 요령, 단기적으로 일을 처리하는 것에 관심이 있지요.

타운센드 | 그리고 관리자는 실수하지 않아요. 당신은 리더와 함께 일하면서 동시에 관리자를 위해 일하고 있어요. 관리자는 직원을 생각할 때, 월급을 얼마나 주고 있으며, 최소한으로 줄 수 있는 월급이 얼마인지에 관심이 있습니다. 반면 리더는 직원을 자산으로 생각합니다. 그래서 직원이 얼마를 벌어 가는지에 관심이 있고, 직원이 영웅이 될 수 있게 돕는 것에 관심이 있습니다.

베니스 | 전에 한번 관리자와 리더의 차이를 목록으로 작성했는데, 다음에 제시하는 사항이 도움이 될지 모르겠군요.

- 관리자는 관리하지만 리더는 혁신한다.
- 관리자는 복사본이지만 리더는 원본이다.
- 관리자는 유지하지만 리더는 발전한다.
- 관리자는 체제와 구조에 초점을 맞추는 반면 리더는 사람에게 초점을 맞춘다.
- 관리자는 통제에 의지하지만 리더는 신뢰를 쌓는다.
- 관리자는 단기적인 안목을 갖고 있지만 리더는 장기적인 안목을 갖고 있다.
- 관리자는 '왜, 어떻게' 라고 묻지만 리더는 '무엇을, 왜' 라고 묻는다.
- 관리자는 결과에 관심이 있지만 리더는 전체를 바라본다.

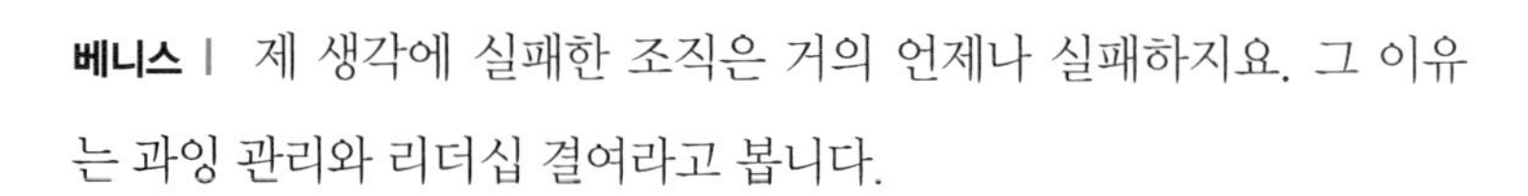

베니스 | 제 생각에 실패한 조직은 거의 언제나 실패하지요. 그 이유는 과잉 관리와 리더십 결여라고 봅니다.

타운센드 | 저는 관리자가 되는 것과 경영관리 업무를 효율적으로 수행하는 것 사이에 선을 그어야 한다고 생각합니다. 하지만 그렇다고 리더가 경영진과 전혀 관계 없다는 말은 아닙니다.

베니스 | 맞아요. 저는 리더와 관리자는 심리적으로 완전히 다른 부류라고 생각합니다. 만약 리더 역할을 하고 있다면 경영자가 되기 어렵다고 생각하는 사람의 견해에 전적으로 동의합니다. 그러나 제가 그 차이를 강조하는 이유는 이렇습니다. 직원들이 소중하게 대접을 받는다고 느껴서 활력이 솟아나고, 창의적으로 일할 수 있으며, 직장에 나오는 것을 좋아하고, 노엘 코워드(Noel Coward) 말처럼 '일이 노는 것

보다 더 재미있다' 는 문화를 창조하는 유일한 사람은 바로 리더이기 때문이지요.

타운센드 | 당신은 동시에 추종자와 리더가 됨으로써 어려움을 겪는 리더를 몇 명 알고 있습니까? 리더를 말할 때는 추종자가 되는 것의 중요성도 언급해야 합니다.

베니스 | 유능한 리더는 동시에 유능한 추종자가 될 수 있습니다. 당신이 조직에 들어오면 당신은 반드시 좋은 추종자가 될 수 있어야 합니다. 그렇지 않으면 오래가지 못합니다. 리더와 추종자는 경청이나 협력, 동료와의 경쟁 등에서 일정한 특징을 공유하지요. 저의 저작인 『리더와 리더십(Leaders)』, 『리더가 리드하지 못하는 이유(Why Leaders Can't Lead)』, 『뉴리더의 조건(On Becoming a Leader)』 등의 제목에 심각한 실수를 저질렀습니다. 차라리 '추종자(Followers)', '추종자가 명령에 따르지 않는 이유(Why Followers Can't Follow)', '뉴추종자의 조건(On Becoming a Follower)' 으로 지을 걸 그랬습니다.

타운센드 | 동감합니다. 『뉴리더의 조건』을 읽는 야심에 찬 중간관리자는 동료에게서 무엇을 알고 싶은 걸까요? 여러분이 관리자보다 리더가 되기를 원하면, 자기 자신에게 다음 질문을 던져 보십시오.

- 당신은 상사와 함께 일하고 있습니까, 상사를 위해 일하고 있습니까?
- 당신은 특정한 목표가 있습니까?
- 당신은 그 목표를 달성할 정도로 충분한 권한과 자원을 갖고 있습니까?

- 당신이 어떻게 일하고 있는지 피드백을 충분히 받고 있습니까?
- 당신의 상사는 쓸데없는 일, 적절하지 못한 방해, 기록, 문서 업무로부터 당신을 보호합니까?
- 당신은 직장에 나갈 때 신이 나고, 활력이 있으며, 마음껏 도전할 수 있습니까?
- 당신은 실수에 대해 처벌받지 않고 자유롭습니까?

베니스 | 당신이 말한 항목에 몇 가지를 더하고 싶군요.

- 당신은 일에서 의미를 느낍니까?
- 당신은 자신이 중요하거나 의미 있는 일을 한다고 생각합니까?
- 당신은 표면적인 일보다 중심적인 일을 한다고 느낍니까?
- 당신은 무언가 배우고 있습니까?
- 당신의 주변 환경은 학교에서보다 더 많이 배울 수 있을 만큼 교육적입니까?
- 당신은 집단이나 공동체의 일부라고 느낍니까?
- 당신은 소속감을 느낍니까?
- 당신이 받는 보상은 성과에 기초한 것입니까?
- 당신은 자신이 속한 조직에 대해 자부심을 느낍니까?

대화의 시작	리더와 관리자의 차이는 무엇인가?

1 경영 평가 종이를 꺼내 위에 제시한 질문에 답하고, 당신이 관리자로 일하는지 아니면 리더로 일하는지 판단하라. 그런 다음 상대방과 결과를 비교한다.

2 토론 질문 당신은 리더가 좋은 추종자이기도 해야 한다고 생각하는가. 아니면 둘의 자질은 상충된다고 생각하는가? 어떤 종류의 사람이 관리자와 리더의 특징을 효과적으로 겸비할 수 있을까?

어떻게 해야 리더가 될 수 있을까?

타운센드 | 위의 질문을 읽고, 제가 중간관리자라면 이렇게 생각했을지 모릅니다. '나는 그 어떤 연설도 하지 않고 메모도 하지 않을 것이다. 다만 리더처럼 연기하면서 무슨 일이 벌어지는지 살펴볼 것이다.' 그 뒤 저와 함께 일하는 사람들이 활기를 찾고, 활력을 얻고, 창의적으로 변하면, 저는 그들의 노력 덕분에 영웅이 되겠지요. 제가 그들을 잊지 않고 감사하는 마음을 갖고 있는 한 저는 계속해서 리더의 길을 걸어갈 것입니다.

베니스 | 그런 전략은 효과가 있을 것 같군요. 하지만 그렇게 행동하기 어려운 환경이 있습니다. 그렇게 되면 당신은 운을 시험하거나 심

지어 그곳을 떠나야겠죠. 조직이 리더십을 발휘하지 못하도록 방해하고 있음에도 그것을 항상 깨닫는 것은 아니기 때문입니다. 많은 경영자들이 제게 이렇게 질문하지요. "왜 이 사람들(직원들)은 솔선수범하는 법이 없을까요? 우리는 그들을 위해 빗장을 풀어놓았습니다. 그들은 그냥 문고리만 잡아당기면 되는데 말이죠!" 그러나 핵심은 직원뿐만 아니라 경영자도 달라진 리더십 환경에 적응해야 한다는 겁니다. 경영자는 사회를 설계하는 사람이 되어야 하지요. 또한 우리가 논의했던 행동에 보상해야 합니다.

그러나 당신이 중간관리자라면 고도(Godot)를 기다리지 마십시오. 누군가 '리더가 되세요!' 라고 말할 때까지 기다리지 마세요. 제 의견이 당신 생각과 통하는 부분이 있으면 첫발을 내디뎌 보세요.

타운센드 | 당신이 되려는 것이 무엇인지 결정하고 그대로 하십시오. 위험을 감수하고, 비판을 받아들이세요. 당신이 담당할 부서가 달성하려는 목표가 무엇인지 결정하십시오. 현재의 당신과 비교하여 무엇이 되고 싶은지 말입니다. 목표가 정해지면 부하 직원들이 보상받고 변화할 수 있게 도우면서 목표를 달성하십시오. 머리를 낮추고 과정을 즐기십시오. 당신이 달성한 성과나 당신의 지시 아래 직원들이 달성한 성과를 그들의 공으로 돌리세요. 그러면 언젠가 누군가 당신에게 다가오면서, "여기 문제가 좀 생겼습니다. 좀 맡아 주시겠습니까?"라고 용기 있게 말할지 모릅니다. 당신의 후계자가 될 자격이 있는 사람을 그렇게 얻는 셈이죠. 왜냐하면 당신의 행동이 새로운 리더 육성을 촉진했기 때문입니다.

베니스 | 세상은 변했고 그게 바로 본질이죠. 제가 가장 존경하는 경영철학가 요기 베라(Yogi Berra)의 말을 빌리면 '미래는 과거의 모습이 아닙니다.' 우리는 21세기의 리더에게 새로운 종류의 행동과 가치관을 희망해요. 과학기술 진보, 인구 변화, 세계화는 활력이 넘치고 권한을 위임하는 유능한 리더를 필요로 합니다. 10년 전에 성공적이었던 게 오늘이나 내일에도 성공적일 것이라 장담할 수 없습니다.

대화의 시작 어떻게 해야 리더가 될 수 있을까?

1 토론 질문 당신이 속한 조직의 구성원이 우리의 제안을 받아들여 리더처럼 연기하기 시작했다고 하자. 경영자가 어떻게 반응할 것이라고 생각하는가? 당신은 경영자가 긍정적으로 반응할 것이라는 입장을 취하라. 상대방은 경영자가 독립심이 강한 리더가 너무 많으면 통제하기 어렵기 때문에 부정적인 반응을 보일 것이라고 주장해야 한다.

2 상대방 분석 타운센드가 말한 '위험을 감수하고, 비판을 받아들여라!' 를 상대방이 기꺼이 받아들이는지 교대로 평가한다. 상대방이 이를 꺼려한다면, 내부적인 문제("나는 위험을 감수하는 것이 두려워")나, 외부적인 문제("내가 위험을 감수하면 경영자가 나를 처벌할 거야") 또는 내부적인 문제와 외부적인 문제가 복합된 문제는 없는가?

3 '만약에' 토론 당신이 전근하게 되거나, 해고되거나, 갑자기 직위를 박탈당했다면 당신 뒤를 이을 리더는 있는가? 그렇지 않다면 왜 그런가? 있다면 이전에 토론했던 리더십 기술을 활용하여 후보자를 평가한다.

WARREN BENNIS

제2장

리더의 자질 계발

리더가 되려면 무엇이 필요할까?

리더는 언제, 어디에서 방향을 잃을까?

경영자의 세 가지 자질은 무엇일까?

리더의 모순되는 자질은 무엇일까?

ROBERT TOWNSEND

서로 비슷한 리더는 없다. 리더십은 아주 다양한 형태로 나타나기 때문이다. 좌뇌형 리더가 있으면 우뇌형 리더가 있고, 성공을 위한 옷차림을 하는 리더가 있는가 하면 부적절한 옷차림을 하는 리더도 있다. 그들은 경영철학도 서로 다르며 개성도 각각 뚜렷하다. 중요한 것은 모든 리더십이 서로 다르다는 사실이다. 결국 과학이나 공식으로 리더를 만들어 낼 수 없다. 리더십은 리더가 어떤 특징이 있느냐 하는 문제이다.

이 장에서는 유능한 리더의 개성과 결합되는 서로 역설적인 특징과 태도를 정의한다. 또한 당

리더가 되려면 무엇이 필요할까?

타운센드 | 유능한 리더가 반드시 갖추어야 할 특징은 아주 많습니다. 저는 리더의 특징 목록에 '통제할 수 있는 개인의 야망' 개념을 가장 먼저 올리고 싶군요. 하지만 저는 다른 사람들이 이 개념을 리더 목록에 올리는 걸 본 적이 없습니다. 조직이 새로운 CEO를 선택할 때 왜 이런 개념을 고려하지 않는지 의아할 따름입니다.

베니스 | 이란-콘트라 스캔들이 터졌을 때 조지 슐츠 의원의 상원위원회 증언이 그 개념을 직접적으로 말해주더군요. 그는 정직하고, 단순하며, 자기 자신을 분별할 줄 아는 사람이었죠. 그는 스캔들이 났을 때 자신의 명예를 더럽히지 않은 몇 안 되는 사람이었습니다. 그가 증언을 마치자 위원회 의장 대니얼 이노우에가 물었습니다. "당신

신의 부하 직원을 계발하고 권한을 위임하기 위해 당신이 활용할 수 있는 기술을 논의한다. 이 기술은 본질적으로 사람과 관련된 기술이며, 당신은 이 기술의 대부분 또는 일정 정도 보유하고 있을 것이다. 동시에 당신의 리더십 환경도 논의하고, 그런 환경에서 어떻게 성장해야 리더로 전환할 수 있을지 고려하자.

– 로버트 타운센드

의 의견을 들려주어 감사합니다. 미국 사회에 한마디 조언하신다면?" 그러자 그가 이렇게 말했습니다. "네, 이것 하나만 기억해주십시오. 권력 없이는 살아갈 수 없는 사람에게 권력을 주어서는 절대로 안 됩니다!"

타운센드 | 두 번째 특징은 지능이고 세 번째 특징은 명료하게 말하는 능력입니다. 저는 이 두 특징이 반드시 서로 조화를 이룬다고 생각하지는 않습니다. 그러나 이 둘 가운데 하나만 뛰어나야 한다는 말은 더욱 아닙니다. 분명한 것은 리더가 적절하게 말을 잘할 수 있어야 한다는 것이지요.

베니스 | 조직이 무엇을 필요로 하는지 생각할수록 뛰어난 지능과 언변은 매우 중요합니다. 어떻게 하면 지능이 높아지는지 알 수 없지만, 화술을 향상시키는 방법은 배울 수 있다고 하더군요. 그게 바로 당신이 말하는 바가 아닌가요.

타운센드 | 정확합니다. 영어라는 언어는 지뢰밭 같습니다. 메모하면 지뢰가 폭발하는 걸 보지 않아도 되겠지요. 이게 바로 눈을 마주 보고 커뮤니케이션해야 하는 중요한 이유입니다.

베니스 | 제가 커뮤니케이션의 중요성에 대한 아주 구체적인 사례 세 가지를 말씀드리겠습니다. 1982년에 어떤 정신이상자가 타이레놀 캡슐에 청산가리를 집어넣은 '타이레놀 사건'이 일어났죠. 그런데 존슨 앤 존슨의 짐 버크(Jim Burke)는 이를 오히려 타이레놀의 시장점유율을 높이는 계기로 만들더군요. 그는 시민들에게 이 문제를 전혀 숨기지 않고 솔직하게 대응했습니다. 회사를 위해 진정한 대변인이 되었던 그의 능력이 없었다면, 이 사건은 아주 불행하게 막을 내렸을 것입니다.

두 번째 사례는 GE의 잭 웰치(Jack Welch)입니다. 그는 조직을 완전히 탈바꿈시켰습니다. 미국 전역에 걸쳐 있던 GE의 자회사를 정리하느라 많은 시간을 들였죠. 그리고 자신의 말대로 비디오나 공고를 통해서가 아니라 끊임없이 사무실을 돌아다니면서 사원들과 눈을 마주치며 일했어요. 그가 얼마나 더 사원들과 그렇게 할지는 모르겠지만 말이죠.

세 번째는 가구회사 허만 밀러(Herman Miller)의 혁신적 CEO였고 『리더십 재즈(Leadership Jazz)』, 『리더십도 기술이다(Leadership is an Art)』의 저자인 맥스 드 프리를 살펴보지요. 그는 목표를 말로써 잘 표현하고, 실제로 자신의 임무를 명료하게 말할 줄 아는 인물이었습니다. 이처럼 뛰어난 커뮤니케이션 능력은 매우 중요합니다. 그런데 새로운 리더 선정 기준에서는 이를 거의 찾아볼 수 없더군요. 우리가 살고 있는 세상의 불확실성이나 모호함을 고려할 때, 리더가 명료하고 쉽게 말할 수 있는 능력이 있음은 정말 중요한데도 말이죠.

타운센드 | 유능한 리더에 대해 하나 더 언급하고 싶은 점은 리더는 직원들의 봉사자가 되어야 한다는 겁니다. 지나치게 야심에 차 있고, 권력을 갈망하는 부류는 리더의 역할을 이해하지 못하므로 유능한 리더가 되지 못합니다. 맥스 드 프리는 "당신들이 실패할 이유는 아무것도 없고 소망은 이루어질 것이다. 또 당신들은 원하는 목표를 달성하기 위해 필요한 모든 자원을 갖고 있다고 확신하라!"라고 하면서 직원들의 봉사자 역할을 잘 수행했습니다.

베니스 | 사람과 관련된 말씀을 하실 때, 과도한 권력을 원하는 사람에게는 권력을 부여하지 말라고 하셨죠. 그 말과 이 말은 굉장히 잘 들어맞는다고 생각되는군요. 저 또한 지나치게 권력을 요구하는 사람은 음모를 꾸밀 거라고 생각하거든요. 또 그런 사람은 리무진이나 전용 비행기, 수행원을 부리고 싶어하지요. 그들은 자신의 특권이나 권력을 받들어주기를 원합니다. 맥스 드 프리는 이와 관련하여 "리더의 첫 번째 직무는 현실을 정의하는 것이다. 마지막 직무는 봉사자 역할을 수행하면서 감사할 줄 알아야 한다"라고 했습니다. 물론 제 생각에도 그렇게 하기는 참 힘들 것 같습니다.

타운센드 | 봉사자 역할은 계속되는 것이 아닙니다. 예를 들어 CEO가 새로운 비즈니스를 만드는 역할을 하는 사람이라고 합시다. 새로운 계약이나 새로운 고객을 확보하기 위해 노력하면서 황제처럼 대우를

받아도 된다고 생각합니다. 모든 직원도 그를 떠받들며 새로운 비즈니스를 개척하는 데 필요한 것은 무엇이든 도와주어야겠지요. 그러나 그가 일단 자신의 임무를 완수하고 나면, 그는 다시 봉사자 역할로 돌아가야 합니다. 저는 봉사자 역할의 개념을 확대하여 코치뿐만 아니라 당신이 넣고 싶은 다른 역할과 함께 황제 역할도 들어 있어야 한다고 말씀드리고 싶군요.

리더가 지녀야 할 또 다른 특징은 객관성입니다. 리더는 문제가 발생했을 때 항상 자신의 탓으로 여길 줄 알아야 합니다. 모든 의사결정 권한을 갖고 있는 사람이란 자신이 대하는 사람이 좋은 사람인지 아닌지를 결정하는 사람이 아니지요. 어떤 결정이 비전에 좀더 다가가게 만들지, 뒤처지게 만들지 결정하는 사람입니다. 이게 바로 제가 말하고자 하는 객관성입니다.

베니스 | 과연 그걸 객관성이라고 말할 수 있을지 잘 모르겠군요. 목적지향이나 포용성이라고 하는 게 나을지도 모르겠어요. 제가 훌륭한 리더를 살펴보면서 알게 된 것은, 그들은 긍정적인 자기 존중감이 있되 결코 자만하지 않았다는 것입니다.

타운센드 | 거만하지 않다는 뜻이군요.

베니스 | 그렇지요. 하지만 그들은 강한 자신감을 갖고 있어요. 그들은 욕설을 감내할 정도로 강하고, 다른 사람이 화를 돋우어도 잘 참아낼 만큼 강하고, 다른 사람의 충고를 겸허하게 받아들일 정도로 강하지요.

대화의 시작	리더가 되려면 무엇이 필요할까?

1 집단 토의 당신의 조직에 있는 리더의 야망이나 객관성에 비추어 평가하라. 또 커뮤니케이션 능력과 봉사자 역할을 하는 능력은 어떤가? 현재 당신과 일하는 리더를 당신이 존경할 수 있고, 이 목록에 포함해야 할 다른 특징은 있는가? 지나치게 야심에 차 있거나 권력에 목말라 하는 사람은 누구인가? 권력을 쥔 자는 자신만의 균형을 잡는 방법이 필요하다고 생각하는가? 그들의 지배 욕구가 너무 커져서 통제가 필요할 때, 그들은 독단적이지 않기 때문에 균형을 잘 잡을 것이라고 장담할 수 있는가? 경영진 가운데 두려움이 없고, 야심이 지나치지 않고, 신뢰할 수 있는 사람이 있다고 확신할 수 있는가? 당신 직장에는 균형을 잡아주고 억제하는 시스템이 있는가? 또 어떻게 하면 그것들을 향상시킬 수 있는가?

2 상대방 분석 당신의 상대가 리더로서 커뮤니케이션 능력이 있는지 평가한다. 그리고 커뮤니케이션에서 무엇이 전달되었고, 무엇이 전달되지 않았는지 정확히 지적한다. 더욱 성공적으로 커뮤니케이션할 수 있는 새로운 방법은 없는가? 같은 부서에서 함께 일하는 누군가에게 어떤 일을 잘못하고 있으며, 일하는 방식을 바꿔야 한다고 말해야 한다면, 어떤 방법으로 말할지 교대로 설명하라. 그런 다음 그 내용을 메모 형식으로 기록한다. 또 두 사람의 서로 다른 커뮤니케이션 방식을 비교한다. 어느 쪽이 더 효과적인가? 의견을 전달하는 사람 처지일 때 상대는 어떤 역할을 하는가? 다른 사람의 말을 듣는

처지일 때는 또 어떤 역할을 하는가? 윗사람이 실수했다고 가정하라. 그런 정보는 입소문을 타고 빠르게 퍼져나가는가. 아니면 그냥 조금 언급되다가 종적을 감추는가?

리더는 언제, 어디에서 방향을 잃을까?

타운센드 | 리더가 잘못된 방향으로 나아가는 명백한 상황은 모든 공로를 자신에게 돌리려고 할 때 발생하지요. 유능한 리더는 절대로 그렇게 하지 않습니다. 이는 제가 선정한 유능한 리더 목록에서도 윗부분에 오르는 항목이지요. 제 경험에 따르면 부하 직원의 신뢰와 충성, 열정과 활력을 잘 이끌어내는 사람은 과제를 끝낸 사람에게 공을 돌립니다. 리더에게는 공이 필요하지 않아요. 그는 이미 맨 위에 있기 때문이지요. 아무튼 오늘날 리더들은 받아야 할 것 이상으로 공을 인정받고 있습니다. 리더는 자신이 가로챌 수 있는 공을 조직의 다른 사람에게 돌리는 현명함을 발휘해야 합니다.

베니스 | 제 생각에 그 말의 뜻은 부하 직원의 성장을 위해 가르치고, 잘한 일은 보상하는 멘토링 개념과 통할 것 같군요.

타운센드 | 멘토링이 계속 이루어지면 매우 훌륭한 효과를 낼 수 있지만, 멘토링은 오직 두려움 없는 환경에서만 성공하지요. 다운사이징이나 구조조정이 이루어지는 살벌한 분위기에서 사람들은 일자리를 잃을까 두려워하지요. 그런 상황에서 멘토링은 성공하기 어렵습니다.

이런 상황에서 발생하는 또 다른 큰 손실은 유머와 즐거움이 사라지는 것이죠. 어려운 상황을 개선할 수 있는 유머 감각을 갖고 있지 않은 리더는 거의 없습니다. 그런데도 어떤 목록에도 유머라는 항목은 들어 있지 않더군요.

베니스 | 그거 굉장히 중요한 것 같네요. 제가 가장 최신작을 집필하기 전에 봅 호프와 자니 카슨에게 대본을 써주는 개그 작가와 상담한 적이 있었지요. 그에게 유머 감각을 기르는 방법과 농담을 배우고 싶었죠. 저는 그 친구에게 6개월 동안 시간당 100달러를 지불했습니다. 그가 내게서 끝내 희망을 찾아볼 수 없다고 하기 전까지는 말이죠. 솔직히 모든 사람은 자신이 유머 감각을 갖고 있다고 생각합니다. 하지만 우리는 경험에서 그게 사실이 아님을 알죠. 그러나 유머는 매우 중요하다고 생각합니다. 당신은 그런 중요한 사실을 어떻게 깨달았나요. 최고의 유머는 당신이 이기거나 지는 상황을 명쾌하게 대조하여 어떤 쟁점을 재구성할 수 있는 것입니다.

타운센드 | 조지 메리디스(George Meredith)는 고통스러울 때조차도 웃을 수 있는 능력을 '희극 정신'이라 했죠. 웃음은 인간만이 지닌 장점이라 할 수 있습니다. 웃음은 거만하지 않은 겸손과 관련 있으며, 리더가 유머 감각을 갖고 있다면 부하 직원들이 위안을 얻지요.

베니스 | "성실과 지혜는 비즈니스의 성공에 없어서는 안 될 것들이다. 성실이란 금전상의 손해를 감수하고라도 고객과 한 약속을 지키는 것을 의미한다. 지혜란 그런 약속을 아예 하지 않는 것이다!"라는

말이 있습니다. 유머는 분명 어려운 시기를 극복하게 해줄 겁니다.

타운센드 | 유능한 리더가 되려면 포괄적으로 생각할 줄 알아야 합니다. 제가 말단 직원이었을 때 경험한 사실을 근거로 말씀드리죠. 제가 기억하는 어떤 상사는 매우 흥미롭거나 중요한 정보를 알면, 다른 사람을 경계하며 몰래 감추더군요. 또는 관련자나 방문객이 회사에 찾아오면 남몰래 만났습니다. 결국 그 상사보다 부하 직원들이 관련자와 접촉하면서 더 많은 이익을 취했지만 말이죠. 포괄적이라 함은 부하 직원들이 언제 어떤 아이디어를 취득하고, 어떤 사람을 만나면서 이익을 취하는지 알고, 직원들의 일을 확인하는 능력을 의미합니다.

베니스 | 다양성을 포용하는 문제와 관련된 사람들이 그런 단어를 사용하지요. 다양성 포용이란 더 많은 목소리를 참여시키고, 과거에는 대화하지 않았던 사람에게 말을 건네고, 생각을 공유하며, 좀더 개방적인 태도를 갖는 것이지요. 제가 좋아하는 말이 자신의 경험을 돌이켜 볼 수 있는 '적절한 문제제기' 입니다. 다른 사람의 정보를 활용하여 과거의 성공이나 실패, 미래의 계획, 더 잘사는 방법을 논의하는 게 가장 효과적인 학습법입니다.

타운센드 | 적절한 문제제기를 촉진할 수 있는 방법은 너무 늦어 변경하거나 중지할 수 없게 되기 전에, 동료에게 새로운 상품이나 서비스, 전략을 알려주는 것입니다. 그런 다음 동료의 비판을 기꺼이 받아들이면, 동료는 당신이 평가해주기를 원하고, 현실성이 있는지 지적해주기를 원함을 알고 자유롭게 말해줄 것입니다.

베니스 | 그렇게 하면 좀더 협력하는 관계가 되고 팀 지향적인 직장을 만들어 리더가 새로운 과제를 수행하기 위해 필요한 통일된 의견을 만드는 데도 도움이 될 것입니다.

타운센드 | 리더가 계발해야 할 또 다른 중요한 특징은 강인함입니다. 외부의 방해나 압박에 저항할 수 있는 강인함이 필요합니다. 그리고 그 강인함으로 자기 사람을 보호해야 합니다. 저는 신입사원 시절에 얼마나 많은 에너지를 들여 장시간 근무해야 했고 무의미한 일을 해야 했는지 말로 다 설명하지 못하겠군요. 제 상사에게는 자신의 직속 상관에게 "도대체 왜 우리에게 그런 정보를 캐내라고 하며, 그걸로 뭘 하려고 합니까? 그런 정보가 정말로 필요하긴 한 겁니까? 전화로 대답하기 어려우면 찾아갈 테니 만나서 이야기합시다!"라고 할 수 있는 강인함이 없었어요. 대신 그는 "네네, 부장님. 타운센드에게 지금 당장 그 일을 시키겠습니다!"라고 했죠. 이 말은 제가 쓸데없는 자료를 만들기 위해 토요일이고 일요일이고 일해야 했음을 의미하지요. 거기에 저항하는 게 제가 말하는 강인함입니다.

베니스 | 그렇게 하면 리더는 정말로 보호자가 되겠군요. 상사에게 저항하기도 하고 상사를 다루는 법도 알고 있는 것이고요. 그건 또 다른 강인함이군요.

타운센드 | 권한을 쥔 사람에게 저항하는 것은 비즈니스 세계에서 일반적으로 일어나는 일은 아니지요. 잭 웰치는 그랬을지 모르지만 말입니다. 그는 그러고도 남을 겁니다. 하지만 권한을 갖고 있는 사외이

사에게 저항하지 못하고 자기 사람을 보호하지 못하는 CEO는 아주 많습니다. 만약 그 사람들에게 저항하여 자기 부하를 보호하면, 그런 소문이 조직에 퍼져 신뢰와 충성심을 얻겠지요. 아주 가치 있는 일이 될 것입니다.

베니스 | 미국인 10명 가운데 7명이 상사에게 질문하는 걸 두려워한다는 조사 결과가 있습니다. 그런 사람은 상사가 잘못되었음을 알고 있고, 그 상사나 회사가 심각한 실수를 저지르는 걸 막을 수 있음에도 나서서 말하지 않을 겁니다. 저는 리더를 사회의 설계자, 즉 창의적인 이견을 환영하고 보상하며, 사람들이 기꺼이 위험을 감수하는 분위기를 설계하는 사람이라고 생각합니다.

타운센드 | 또 리더는 공정해야 합니다. 사실 공정해진다는 것은 말처럼 쉬운 일이 아닙니다. 예를 들어 리더를 포함한 모든 사람은 자신이 좋아하는 사람과 더 많은 시간을 보내려 하지요. 그리하여 그렇게 어울리는 사람은 불공평하게도 더 많은 기회를 갖고 보상을 받습니다. 친분이라는 덫에서 벗어나려면 공정함에 대한 강력한 욕구가 필요합니다. 이를 위한 노력은 가치 있는 일입니다.

대화의 시작 | **리더는 언제, 어디에서 방향을 잃을까?**

1 목록작성 훈련 멘토에게 기대하는 것을 목록으로 작성한다. 당신이 목록에 작성한 것과 똑같은 서비스를 다른 사람에게 마지막으

로 제공한 것은 언제인가? 함께 일하는 사람에게 당신이 멘토 역할을 할 수 있도록 다양한 방법을 고려할 수 있는가?

2 경영 평가 어떤 사람이 당신에게 저항하면 안 된다고 하거나, 당신이 다른 사람에게 그런 경험이 있다면 적어보라. 그런 경험을 통해 무엇을 얻었는가? 어떤 문제가 회사나 동료에게 손해를 끼칠 것을 알면서도 방치한 적이 있는가? 그 결과는 어땠는가?

3 브레인스토밍 브레인스토밍은 당신과 당신의 회사가 다른 사람이 '적절한 문제제기'를 할 수 있게 촉진하는 방법이다. 정식 회의에서 적절한 문제제기를 이끌어낼 수 있는가? 공고하는 건 어떤가? 이메일로 받는 것은 어떤가? 건의함 설치는 어떤가? 당신의 회사는 직원에게 얼마나 효과적으로 절차를 전하는가? 더 포괄적으로 생각할 수 있는 새로운 방법은 없는가?

경영자의 세 가지 자질은 무엇일까?

베니스 | 경영자의 특징을 정의하는 세 가지 자질은 삼각대 같습니다. 즉 어느 하나라도 빠지면 설 수 없지요. 하나는 야망, 즉 권력과 성취 욕구와 그것을 달성하기 위한 추진력입니다. 두 번째는 능력이나 전문성입니다. 세 번째는 성실성인데, 여기에는 확실성과 외부의 버팀목이 포함됩니다.

이들 자질 가운데 하나만 갖고 있는 사람이 있다고 가정합시다. 어떤 사람이 주체하지 못할 야망만 있다면 선동적인 정치인이 될 것입니다. 어떤 사람이 단지 뛰어난 능력만 있다면 기술관료가 될 것입니다. 성실하지만 능력과 추진력이 부족한 사람은 따뜻하지만 우유부단한 인물이 될 것입니다. 그러나 매 웨스트(Mae West)는 "하나라도 좋은 것을 많이 갖고 있으면 그건 굉장한 것이다"라고 했습니다. 제 생각에 너무 성실하면 그럴 것 같기도 하네요.

그러나 강력한 경영자에게는 이 세 자질이 잘 조화됩니다. 조직에서 두각을 나타내는 일부 사람이 능력과 야망을 갖고 있기는 하지만 그걸로는 불충분하지요. 이런 사람은 종종 인수나 합병 같은 변화의 소용돌이에서 꼭대기에 올라가기도 합니다. 저는 이런 사람을 '해로운(파괴적인) 성취자' 라고 부릅니다. 그들은 능력과 야망은 있지만 성실성이 부족합니다. 또한 그들은 조직에서 큰 신뢰를 받지도 못합니다.

타운센드 | 워렌! 저는 당신이 말한 '야망 및 권력과 성취 욕구와 그것을 달성하기 위한 추진력' 에 뜻을 같이할 수 없군요. 그 삼각대는 상피병(코끼리처럼 피부가 두꺼워지는 병)에 걸리기 쉽습니다. 당신이 야망이라고 할 때 제 머릿속에는 경고음이 울리는군요. 그리고 '권력 욕구' 를 덧붙였을 때는 소름이 돋았습니다. 당신의 말이 무얼 의미하는지 알고 있어요. 그렇다면 그 삼각대의 다른 쪽부터 살펴보지요. 성실성은 100퍼센트 맞는 말이라고 생각합니다. 성실성이라는 단어를 듣고 보니 저를 지도했던 모든 가정교사, 선생님, 리더가 생각나는군요. 그 분들은 정말로 우리 모두에게 내재된 능력을 최대한 이끌어낼 수 있게 도와주셨지요.

당신이 말한 두 번째 다리인 '능력이나 전문성'도 꼭 필요하지요. 그것이 없으면 학습 기간이 너무 길어져 혼란이 생깁니다. 세 번째 다리의 의미를 약화시키지 않으면서 다른 표현을 써 볼까요. '조직이 목표에 도달할 수 있게 노력하며, 동료가 영웅이 될 수 있게 돕는 데 만족을 모르는 질주'라고 하면 어떨까요? 이것도 엄밀히 말하면 야욕인 것 같군요. 그리고 성취를 위해 욕구와 권력을 적절하게 사용한다는 뜻도 담고 있고요. 당신은 제가 말한 정의를 좀더 쉽게 설명했군요.

대화의 시작 | **경영자의 세 가지 자질은 무엇일까?**

1 상대방 분석 관리자의 자질 세 가지를 고려하여 상대방의 장점과 단점을 평가한다. 어떤 자질이 부족한지에 초점을 맞춰 논의하라. 그것이 당신이나 상대방의 성과에 어떤 부정적인 영향(있는 경우)을 미치는지에 초점을 맞춘다.

2 경영 평가 최고경영진 가운데 '해로운 성취자'가 없는지 논의하고, 그들이 미치는 부정적인(또는 긍정적인) 영향을 논의한다. 또 그들의 성실성 결핍은 어떤 방식으로 드러나고, 사람들은 거기에 어떻게 반응하는가?

리더의 모순되는 자질은 무엇일까?

타운센드 | 리더십의 가장 일반적인 모순은 리더십이 인내와 긴급을 동시에 필요로 한다는 점입니다. 리더십을 발휘할 때 인내는 중요한 자질이지요. 예를 들어 유능한 리더는 제가 수립한 목표에 동의하면서, 몇 달 뒤에 일이 진전되지 않아도 그 일을 빼앗아가지 않습니다. 다시 말해 제가 꼭 그 목표를 달성할 것이라며 인내하는 것이죠. 그런 리더는 저에게 용기를 주면서 "뭐 더 필요한 건 없나요? 제가 도울 수 있는 거요"라고 말하죠.

긴급성은 때때로 이런 모순의 절반을 차지합니다. 즉 "기다릴 수 없어. 지금 당장 그게 필요해. 그걸 가장 먼저 처리하도록!"이라는 말은 그 일을 빨리 마무리하게 돕습니다.

인내와 긴급 사이에는 리더가 반드시 인식해야 할 미묘한 조화가 있습니다. 당신은 분명 내일 아침까지 어떤 일을 끝내길 바라는 상사를 겪은 적이 있을 겁니다. 하지만 당신은 일을 아주 잘하려고 일주일이 걸렸을지도 모르죠. 당신의 상사에게는 일을 빨리 처리하라고 압박을 가하는 상사가 있었을 것입니다. 그래서 당신의 상사는 당신이 그 일을 급히 끝내서 자신이 신뢰하지 못하는 결과를 제출하게 강요한 것입니다. 그래서 참을성이 매우 중요합니다. 모순되는 두 측면을 조화롭게 만드는 '인내하는 긴급성'은 리더십을 발휘하는 좋은 방법인 것 같습니다.

또 다른 모순은 사람들이 언제든 리더를 만날 수 있고, 언제든 리더를 이용할 수 있어야 한다는 겁니다. 이 말은 누군가 과제를 수행하면서 어려움에 직면했을 때, 그것을 극복하기 위해 언제라도 리더에게 도움을 받을 수 있어야 한다는 뜻입니다. 리더는 "나 여기 있어요. 나는 당신이 장벽에 부딪혔을 때 항상 도울 준비를 하고 있어요!"라고 하면서 자신의 집무실에 머물러 있어야 합니다. 이와 반대되는 CEO는 일주일 내내 외부에서 보내 필요할 때 전혀 만날 수 없는 CEO이지요.

이용할 수 있는 리더가 된다는 것은 자신의 가정을 적절하게 정돈하는 것과 같습니다. 모든 사람이 회사나 조직이 나아갈 방향을 알 수 있게 비전을 이해시키고, 동의를 구하고, 커뮤니케이션하는 겁니다. 또한 보상 체계를 만들어 비전을 향해 발전하게 촉진합니다. 모든 사람이 월별로 또는 더 자주 비전을 달성하기 위한 발전의 정도를 측정할 수 있게 평가체계도 갖추어야 합니다.

그러면 관리나 통제의 번거로움을 덜 수 있지요. 시간도 넉넉해지겠죠. 오히려 사람들도 자주 찾아오지 않을 겁니다. 왜냐하면 사람들은 이미 목표가 무엇이고, 자신의 권한이 무엇이고, 어떻게 해야 할지 알기 때문이지요. 주변에 리더가 있든 없든 그건 중요하지 않게 됩니다. 그것 역시 모순이죠.

베니스 | 그것은 균형을 잡기 거의 불가능한 것이군요. 로버트! 그렇게 하면 사람들은 당신이 권한을 충분히 위임하지 않았다며 분개하거나, 당신을 필요로 하지 않는 사람에게 너무 많은 권한을 주어 다른 사람의 불신을 사겠지요.

타운센드 | 글쎄요! 문제를 해결해야 할 때 가장 중요한 것은 리더가 유능해야 한다는 겁니다. 방문을 꽉 닫고 있어서 만나기가 하늘의 별

따기인 상사에 관한 이야기를 들어보았을 겁니다. 반대로 항상 문을 열어놓고 다른 사람의 의견을 기꺼이 경청하며 문제를 해결하는 상사도 있습니다.

유능한 리더는 "문제해결에 진전이 없으면 그 문제를 나에게 맡기세요. 물론 난 당신이 최선의 해결책을 제시할 걸로 생각합니다. 나에게 맡기기 싫다면 돌아가서 그 문제를 해결하기 위한 아이디어가 떠오를 때까지 일하세요. 나도 맡고 있는 과제가 있거든요!"라면서 저를 유능하게 만들어줍니다. 어떤 사람은 제가 좋은 소식을 전해주려고 할 때, 지나치게 반응할 필요가 없는데도 "글쎄요. 좋은 소식 전해주어서 감사하지만, 나중에 결국 손익계산서로 보게 될 테니까, 좋은 소식으로 귀찮게 하지 마세요. 나쁜 소식이라면 귀찮아도 들어드리죠!"라고도 합니다.

물론 이렇게 제한을 두는 것도 일종의 유능함일 수 있지요. 당신은 상사들이 모두 이렇게 유능해지기 전에 그런 회의를 두 번 이상 소집할 필요가 없을 겁니다.

베니스 | 적어도 650여 개 논문에 리더십에 관한 정의가 내려져 있기 때문에 우린 되도록 그걸 정의하지 않으려고 했지요. 하지만 제가 리더십의 정의를 내려본다면, '그럴 듯하고 어쩔 수 없이 수행해야 할 비전을 창조해서 조직의 현실에 맞게 비전을 변형하는 능력일 것' 입니다.

당신이 이를 지배형 리더십으로 받아들이면, 거기에다 신뢰를 낳고 유지하는 능력, 변화하는 상황에 민첩하게 대처할 수 있는 능력을 덧붙이고 싶군요. 모순점도 많고 난해한 부분도 있을 겁니다. 그래서 리더십은 딱히 뭐라고 말하기 어려운 거죠. 제 생각에 당신과 저는 리더십의 질을 알기 위해 노력하지도 않을 뿐 아니라, 알게 될 것 같지도 않군요.

또한 제 목록에는 다양한 견해를 받아들이는 개방성도 추가할까 합니다. 다양한 원천에서 들어오는 유효한 평가에 대한 개방성 말입니다. 사람들의 견해에 개방적일수록 더 많은 평가를 받게 될 것입니다. 그러면 리더의 견문은 더욱 넓어지겠죠.

타운센드 | 잠깐만요! 워렌. 그 말은 '평가를 받을 수 있는 다양한 원천'을 뜻하지 않습니다! 리더의 위대한 특징은 자료 수집을 언제 중단하고 언제 방아쇠를 당길지 안다는 것이지요. 당신과 저는 수집된 자료를 이용하여 긴급히 결정해야 할 일을 미루던 사람 밑에서 고통받지 않았나요?

베니스 | 그렇군요. 결정할 순간이 언제인지 파악하는 것과 마찬가지로 결단력도 중요한 요소지요. 제가 생각하는 리더의 마지막 특징은 자의식일 것 같군요. 삶에 대한 고찰도 없이 삶을 살아가는 것은 가치 없다는 말, 그 말은 진리입니다. 저는 제가 만나 본 리더 가운데 최고인 리더 한 명과 수많은 리더 가운데 최고였던 한 사람, 이 두 사람이 진정한 실천가였다고 믿습니다. 그들이 다른 사람에게 어떤 영향을 미쳤는지, 그들이 어떤 사람인지, 그들의 장점과 단점은 무엇인지에 관해 정보가 많이 있습니다. 그 정보야말로 그들을 최고의 리더로 만든 요소이죠.

타운센드 | 그거 상당히 흥미롭군요. 제가 본 좋은 상사는 무엇에서든 지나치게 행동하지 않았어요. 동시에 좋은 상사는 자신의 결점 인정을 두려워하지 않았죠. 그들은 제가 신뢰했던 상사입니다. 우리는 신뢰하는 사람을 위해 일하는 것과 신뢰하지 않는 사람을 위해 일하는 것의 차이를 잘 알지요.

대화의 시작 리더의 모순되는 자질은 무엇일까?

1 집단 토론 함께 조를 짜서 회사를 위해 문제를 해결하는 리더를 두는 것과, 문제를 사람들의 손에 맡겨두는 리더를 두는 것의 장단점을 논의한다. 어떻게 하면 리더가 직접 관리하지 않으면서도 회사의 비전을 유지할 수 있는가? 당신의 직장은 문제를 해결하기 위해 의견을 제시하는 데 얼마나 개방적인가? 사람들이 함께하는 분위기에서 매주 문제를 공유하고, 리더의 조언에 의지하지 않으면 어떻게 될까? 새로운 문제해결 방법을 탐구하라.

2 상대방 분석 당신의 상대는 당신이 약간 느긋한 리더임을 판단할 수 있게 도움을 주는가. 또는 긴급함을 전달할 수는 있지만 사건이 발생할 때까지 기다리지 못하는 리더인지를 판단하는 데 도움을 주는가? 자신의 부하 가운데 누군가 한 달 동안 기다린 프로젝트를 완성하지 못할 것 같다는 역할극을 교대로 한다. 이 사람은 마감일을 맞추지 못하고 도와주길 바라지도 않는다. 어떻게 하면 그 사람이 의욕을 잃지 않으면서 서둘러 일할 수 있게 할 수 있을까?

WARREN BENNIS

제3장

리더가 갖추어야 할 조건

리더가 갖추어야 할 조건은 무엇인가?

유능한 리더가 되려면 어떻게 해야 할까?

ROBERT TOWNSEND

리더는 비전을 현실로 전환하기 위해 감성적인 방법으로 사람들을 참여하게 함으로써 비전을 전달한다. 이런 '실용적 몽상가'에게 추종자들이 이끌리는 이유는 그들이 사람이 중요하다는 느낌을 갖게 하기 때문이다. 그러나 사람들에게 그렇게 영향력을 미칠 수 있기 때문에 자신의 조직을 잘 정돈해야 한다. 또한 리더는 자각에 대한 뛰어난 감각이 있어야 하며, 부단한 자기계발 욕구가 있어야 한다. 이렇듯 당신은 추종자들에게 최선을 이끌어내기 전에, 당신 자신에게 최선을 이끌어낼 수 있어야 한다.

이 장에서는 자아의 발견이 어떻게 당신의 조직에 영향력을 미치는 출발점이 되는지 알게 될

리더가 갖추어야 할 조건은 무엇인가?

베니스 | 저는 리더십의 개인적 측면을 말할 때마다 긍정적인 자기 존중감을 말합니다. 제게 그것은 가장 중요한 부분이며 설명하기 가장 어려운 부분이기도 합니다. 한편으로 자존심을 설명하는 것으로 보일 수도 있지만, 저는 '긍정적인 자기 존중감'이라는 말을 사용합니다. 그것이 제 의도를 잘 말해주기 때문이지요.

'긍정적인 자기 존중감'은 보통 세 가지 요인으로 이루어집니다. 첫째는 자신의 장점과 단점을 아는 것이죠. 이 말은 상당히 무미건조해 보일 수도 있습니다. 그러나 저는 매우 중요한 요소라고 생각합니다. 많은 사람들이 자기 자신을 전혀 알지 못한 채 살아가지요. 제가 리더에 대해 알게 된 사실은 그들이 경력을 쌓아가기 시작할 때 자신이 무엇을 잘하고, 무엇에 서툰지 알고 있다는 것이지요. 자니 머서

것이다. 또한 조직이 당신에게 무엇을 원하는지 알고, 꾸준히 장점을 양성하고, '적절한 문제 제기'를 받아들여 긍정적인 자기 존중감을 구축하는 방법을 알게 될 것이다. 지난날의 리더가 가까운 동료에게만 조언을 듣는다면, 오늘날의 리더는 회사와 이해관계 있는 모든 사람의 견해에 촉각을 곤두세워야 한다. 그리고 모든 사람이 회사의 목표에 부합되는 특별한 기여를 할 수 있음을 인식해야 한다. 유능한 리더를 만드는 개인적 특성 계발은 당신의 성장을 도와줄 뿐 아니라, 조직의 혁신과 생산성 증가도 가져올 것이다.

– 워렌 베니스

(Johnny Mercer)의 노랫말처럼, 리더는 긍정적인 것은 강조하고, 부정적인 것은 제거하려는 경향이 있습니다. 그래서 그들에게는 부정적인 것을 간과하지 않으면서 장점을 효과적으로 활용하고, 단점을 자신과 상관없는 것으로 만드는 능력이 있습니다. 그것이 바로 긍정적인 자기 존중감에 관하여 가장 먼저 언급하고 싶은 대목입니다.

타운센드 | '장점을 효과적으로 활용하고 단점을 자신과 상관없는 것으로 만들어 버린다.' 그거 좋네요!

베니스 | 리더에게 긍정적인 자기 존중감의 두 번째는, 목표를 설정하고 자신의 장점을 향상시키기 위해 수많은 기회를 스스로 만들어 나간다는 것입니다. 그 점에서 리더는 훌륭한 운동선수 같지요. 그들은 끊임없이 도전하죠. 또한 리더는 자신의 방식을 다양한 방법으로 평

가받습니다. 제 생각에 가장 훌륭한 운동선수는 가장 훌륭한 리더처럼, 자신의 목표에 얼마나 가까이 다가왔는지 파악하기 위해 평가를 필요로 하는 것 같습니다.

유능한 리더에게서 알아낸 세 번째는, 그들이 회사가 요구하는 것과 자신이 기여할 수 있는 것 사이의 조화를 깨닫고 있다는 점입니다. 사람들은 그것을 적절한 타이밍이라고 하지만, 그것은 좋은 타이밍 이상의 것입니다. 좋은 타이밍은 마치 행운처럼 들리기도 합니다. 그러나 저의 경험뿐만 아니라, 제가 리더를 연구하면서 나름대로 분석한 결과로는, 유능한 리더는 자신의 노력을 가장 잘 응용할 수 있는 곳을 알고 있습니다. 오래 전에 저는 90명의 리더를 연구했지요. 그런데 그 가운데 두 사람만이 조직의 CEO로 임기를 마치고 연임하는가 싶었습니다.

그러나 그 둘도 각각의 재능이 조직의 요구에 더는 부합하지 않자 이사회에서 쫓아내더군요.

타운센드 | 저는 리더가 은퇴할 때를 아는 것과 능력 사이에는 상관관계가 깊다고 생각합니다. 그것은 새로운 리더를 선택함에 가장 치명적인 요소가 되기도 합니다. 리더를 잘못 선택할 경우, 그 실수는 영원히 지뢰처럼 잠복해 있을 겁니다. 왜냐하면 이사회가 자신들의 실수를 바로잡는 걸 얼마나 꺼려하는지 잘 알지 않습니까?

베니스 | 저는 리더십을 연구하면서 다른 사실도 알게 되었는데, 그걸 설명할 방법이 없군요. 리더 90명 가운데 60명은 기업 쪽에, 나머지 30명은 공공 서비스나 정부조직에 있었지요. 60명 가운데 40명은 〈포

춘〉이 선정한 세계 500대 기업에 있었습니다. 〈포춘〉 선정 500대 기업의 CEO 40명 가운데 38명은 처음 결혼한 배우자와 결혼생활을 유지하고 있었죠. 그뿐 아니라 그들은 결혼제도에 충실했는데, 그런 사실은 저를 반하게 했어요. 저는 나중에 그 40명 가운데 몇 사람과 이야기하려고 그들을 방문해서 이렇게 말했습니다. "이봐요! 당신은 지금 이 나라에서 매우 예외적인 사람입니다. 결혼한 지 25년, 30년, 40년 정도는 됐겠죠. 이걸 어떻게 설명할 수 있나요? 왜 그렇죠?" 제가 들은 대답은 한결같았습니다. "저는 항상 적절하게 문제제기하는 배우자에게 의지하고 있습니다!"

그게 리더에게 정말로 필요한 것이라는 생각이 지금 막 드는군요. 배우자뿐만 아니라 조직에 있는 사람, 조직 밖에 있는 사람에게도 얻어야겠지요. 우리가 사원으로서, 즉 리더로서만 아니라 개인으로서 계속 성장하기 위한 또 다른 방법은 적절한 문제제기를 많이 듣는 것입니다. 그렇다면 어떻게 그런 구조를 만들고, 어떻게 하면 보상받을 수 있는 조직과 체계를 갖출 수 있을까요?

타운센드 | 제 생각에는 CEO가 결혼생활을 오래 유지하는 이유는 두 가지일 거라고 봅니다. 하나는 배우자의 유능함입니다. 부인(또는 남편)의 도움, 격려, 전적인 지원이 없다면 많은 리더가 CEO 자리에 이르지 못했을지도 모릅니다. 현명한 조언이나 적절한 문제제기는 그 가운데 일부일 뿐입니다. 빌 클린턴을 떠올려 보세요. 그는 대학 4학년 때 힐러리와 결혼했지요. 힐러리는 대통령이 될 거라며 그를 인정했죠. 두 번째는 〈포춘〉이 선정한 세계 500대 기업 CEO의 배우자에 대한 특권과 보상이 삐걱거리는 수많은 결혼생활에 윤활유 구실을 했

을 겁니다. 그 일을 할만한 자격이 있지만, CEO에 오르지 못한 사람들의 이혼율을 조사해보십시오.

적절한 문제제기가 어떻게 역동적인 분위기를 만들어내는지, 당신이 제기한 중요한 질문으로 돌아가보겠습니다. 제가 이용한 방법은 나 자신을 위해 일하기를 원하는 사람들만 고용하고 승진시키는 것이었습니다. 좋은 시도였지요. 당신도 알다시피, 면접에서 사람들이 우리를 속이는 경우가 빈번하니까요. 그래서 사람을 잘못 선택할 경우도 있습니다.

그러나 그게 당신의 주된 시험방법이라면 진짜 유능한 사람을 놓칠 가능성이 큽니다. 제 부하 직원은 저에게 훌륭하고도 적절한 문제제기를 합니다. 특히 한 사람이 기억나는군요. 그는 어떤 것에 절대적으로 반대할 때면 편한 호칭인 '디어 제프 드 오로' 로 시작하는 메모를 남깁니다. 번역하면 '친애하는 황금 사장님' 이며, 잉카 제국의 황제를 부르는 호칭입니다.

'친애하는 황금 사장님께: 사장님께서 그렇게 말씀하시면 저는 잠시도 멈추지 못하고 고민하게 될 것입니다. 그러나 제가 이 일, 즉 사회운동을 돕기 위해 발 벗고 나서기 전에 당신에게 깊은 애정과 존경을 갖고 있음을 말씀드리고 싶습니다. 그리고 당신이 또 그렇게 하려 한다는 걸 말씀드려야겠습니다….'

그러고는 제가 왜 잘못됐는지 말했습니다. 그가 쓴 메모의 성공률은 90퍼센트쯤이었지요. 그리고 여러 번이나 큰 실수에서 저를 구해주었기 때문에 그 메모를 항상 고맙게 생각했습니다.

베니스 | 당신이 할 수 있던 것은 그런 문제제기를 촉진하는 것이었군

요. 당신은 사람들이 "이봐요! 이젠 그만 하세요!"라고 할 수 있도록 촉진한 거군요. 거기에 리더의 일에서 가장 어려운 정직함이 우대받는 구조나 조직문화를 창조하는 것입니다. 그런 문화에서는 정직해지기 위해 용기가 필요하지 않습니다.

어떤 리더는 사람의 힘이 얼마나 강한지 깨달은 뒤에 이견에 귀를 기울이지요. 리 아이아코카(Lee Iacocca)가 그런 사례군요. 아이아코카는 사원들이 자신의 빛나는 명성이나 카리스마에 겁먹는다는 것을 알고 있었죠. 그래서 그는 모든 중요한 회의에서 '반대자'라는 사람을 지명했습니다. 반대자는 집단이 결정하고 정당화된 사항에는 무엇이든 반대의견을 제시해야 했습니다. 이는 하나의 의견에 집단이 한쪽으로 치우치지 않도록 하는 방법이었습니다.

타운센드 | 사원들에게 악마의 증언자 역할을 교대로 맡기는 아이디어가 참신하군요. 그런 점에서 리더에게 또 다른 무언가 필요할 것 같군요. 뉴욕에 있는 투자은행 라자르 프레르의 사원인 도널드 페트리는 제가 절대적으로 신뢰하는 사람입니다. 그는 생애의 반을 그 은행에서 보냈어요. 저는 그와 전화로 이야기를 많이 나누었고 그를 정신적인 지주로 여기고 있습니다. 그는 낭떠러지에서 떨어질 뻔한 나를 여러 번 구출했고, 내가 하지 말아야 할 이유를 말했습니다. 그런 사람 없이 최고경영자들이 어떻게 경영하는지 도무지 알 수 없어요. 아니 알 것 같기도 하군요. 정답은 그들의 '경영이 신통치 않다'는 것입니다.

베니스 | 당신에게 행운이 있었던 것만은 아니군요. 당신이 행운을 키

운 거였군요. 새롭게 MBA 과정을 시작했거나 리더의 지위를 갈망하는 사람에게 전수할 요령이 있습니다. 페트리를 통해 알게 된 것처럼 현명한 문제제기를 하는 의지할 수 있는 사람을 만드는 것입니다. 한 명 이상이면 좋겠지만 적어도 한 명이라도 있어야 합니다.

타운센드 | 멘토지요. 그런 사람을 멘토라고 불러도 되겠죠? 그런 사람들은 회사 내부에 있어야 하나요, 아니면 외부에 있어야 하나요?

베니스 | 보통 외부에 있는 경우가 많습니다. 회사 내부에 멘토를 두기란 여간 힘든 게 아니기 때문이지요. 당신이 '멘토' 라고 했을 때, 저는 코치라는 단어를 사용하는 것이 낫겠다고 생각했어요. 제가 어떤 사람의 코치가 되어 그 사람을 향상시킬 수 있으면 그에게 진실을 말할 겁니다.

자세에 힘이 들어가면 봉사가 형편없어진다는 거 아시잖아요. 직속상관에게 약점을 드러낸다는 건 매우 어렵습니다. 반면 우리가 직접적으로 보고하지 않는 '삼촌' 이나 '이모' 는 아주 좋은 사람이 되겠죠. 그리고 그것은 회사에서도 똑같습니다. 코치는 주로 명령의 굴레에서 약간 떨어져 있지만 우리와 실제로 관련 있고, 도움을 줄 수 있는 사람입니다. 조직에서 우리보다 약간 더 높은 직위에 있고, 좀더 나이가 많은 사람도 코치가 될 수 있겠죠. 제가 저의 직속상관과 했던 일 가운데 하나는 제가 저의 '이모' 나 '삼촌' 과 어떻게 했는지 명확하게 선을 긋는 일이었습니다. 아마 상사도 고맙게 여길 겁니다. 당신이 멘토나 코치를 더 많이 두게 될수록, 당신도 더 행복해질 수 있기 때문이죠. 지금 저는 당신의 상사가 결코 위협을 받고 있는 것으로는 생각하지 않을 거라고 확신합니다.

타운센드 | 특히 우리가 멘토의 위치에 있는 상사와 상담할 때가 그렇지요.

베니스 | 네, 그렇습니다. 정말 그래요. 그는 또 이렇게 말할지도 모르겠군요. "이봐요! 우린 서로 공유할 수 있어요. 저는 그걸 받아들일 수 있어요. 제 말은 저 또한 당신의 코치가 되고 싶다는 겁니다!" 이렇게 되면 정말 좋겠죠.

역대 미국 대통령을 보좌했던 모든 참모를 취재한 배심원 존 챈슬러가 떠오르는군요. 그가 모든 참모에게 던진 첫 질문이 존 챈슬러를 존경하게 만들었지요. 말을 시작한 김에 참모들을 살펴보지요. 카터를 보좌한 햄 조던(Ham Jordan), 케네디 시절 참모총장 테드 소렌센(Ted Sorensen), 닉슨의 참모 밥 홀드먼(Bob Haldeman), 아이젠하워의 비서 앤드루 굿 패스터(Andrew Good Paster), 제리 포드의 참모 딕 체니(Dick Cheney)가 그들이었습니다. 존 챈슬러는 이들에게 "자! 여러분은 세상에서 가장 큰 권력을 쥔 사람을 위해 일했습니다. 당신들은 분명 대통령이 한두 번쯤 무모하거나 어리석은 생각을 해서 자신이나 국가를 곤경에 빠뜨린 경우를 보았을 겁니다. 그때 어떻게 하셨습니까?"라고 물었습니다. 그러면서 밥 홀드먼에게 시선을 돌렸습니다. "밥, 당신부터 시작하세요." 홀드먼이 대답하자 소렌센이 말했습니다. "글쎄요! 제가 해야 할 일은 케네디 대통령에게 당신의 생각은 닉슨이 생각했다가 곧바로 버린 생각이라고 말해주는 것이 전부였습니다."

타운센드 | 훌륭하네요. 현명한 조언을 촉진하기 위한 또 다른 방법은 성과급제도입니다. 에이비스의 보상제도에는 한도액이 없어서 3년째 되는 해에 사원들은 기본급보다 더 많은 보너스를 받기도 합니다.

회의 시간에 누군가 무모한 아이디어를 제시하면 "이봐요. 잠깐만요. 당신은 나와 내 회사를 낭떠러지로 몰아가고 있어요!"라고 말할 사람은 간부가 아닐 것 같습니다. 당신이 바로 그 사람의 보너스를 위협하고 있는 겁니다.

베니스 | "이봐요! 잠깐만요!"라는 말에는 상사의 자존심에 관한 것도 포함되어 있다는 걸 아나요. 사람들은 상사가 그런 아이디어를 받아들이지 않을 거란 사실을 알고 있습니다. 전에는 이런 부분을 전혀 생각하지 않았지만, 어떤 상사에게는 거슬릴 것 같습니다. 그들은 견해 차이 때문에 자신이 위협받지는 않을 거라고 생각하기 때문이죠. 이는 다시 자기인식과 자존심과도 관련됩니다. 그리고 사람들은 그걸 눈치 챌 수 있습니다. 그들은 사람들이 너무 물러서 그렇게 할 수 없거나, 너무 무서워서 그렇게 할 수 없을 때 눈치 챌 수 있습니다.

타운센드 | 우리는 인위적인 지연 메커니즘을 알아야 합니다. 우리는 모두 제시한 아이디어가 공격을 받으면, 유전적으로 그 아이디어를 방어하려고 하지요. 유능한 리더는 그런 충동을 자제하고 더 많이 공격하게 할 것입니다. 제 생각에 '좋은' 긍정적인 자기 존중감과 '나쁜' 자기중심주의의 차이는 현명한 조언이나 적절한 문제제기를 촉진하는 능력의 유무인 것 같습니다.

베니스 | 다른 관점에서 그 차이를 살펴보지요. 제가 관찰한 리더는 자신을 증명해 보이려고 애쓰지 않았지만 자신을 표현할 줄 알았습니다. 그들은 다른 사람이 자신을 어떻게 생각하는지 별로 걱정하지 않는 것 같았습니다. 그들은 비난을 받아들일 줄 알았죠. 또한 다른 사람의 의견을 잘 알아들을 정도로 민감했습니다. 그것이 전혀 다른 방법을 찾게 하더군요.

의미는 분명히 전달되어야 합니다. 저는 그게 매우 중요하다고 여기거든요. 우리가 듣는 이야기는 결코 개인의 문제가 될 수 없습니다. 우리가 그 체계를 뒤엎으려 하지 않거나, 마음을 닫고 이야기하거나, 평지풍파를 일으키지 않으면 리더는 할 일이 없기 때문입니다. 또 그렇게 되면 그런 평가가 가져올 비난을 처리해야 합니다. 제 말은 오늘날 리더에 관하여 진리가 하나 있다면, 그것은 리더가 체계를 변화시켜야 한다는 것입니다.

마키아벨리가 "변화를 지지하는 사람은 없다"고 한 것처럼, 우리가 변화를 모색할 때 사람들은 욕을 많이 할 것입니다. 그렇다면 당신은 다른 사람의 비난을 받아들이면서, 어떻게 하면 다른 사람에 관해 민감하게 대응할 수 있을까요? 자기 존중감이 결여된 상태에서 과연 그렇게 할 수 있을까요?

대화의 시작 | **리더가 갖추어야 할 조건은 무엇인가?**

1 상대방 분석 당신은 당신을 얼마나 잘 아는가? 당신의 장점 다섯 가지를 열거하고, 상대방에게 당신이 이런 장점을 얼마나 잘 표

현하는지 물어본다. 이제 역할을 바꿔 상대방이 한 것처럼 당신도 똑같이 한다. 그런 다음 장점을 구체화하고 발전시키기 위한 목표를 세 가지 이상 정한다. 그리고 목표가 현실적인지 아닌지, 어느 시점에 달성할 수 있을지를 정하기 위해 상대방과 함께 연구한다.

2 토론 사항 당신의 조직에 속한 사람이 리더인 당신에게 '노골적으로 말하며 평지풍파를 일으킨다면' 어떻게 대응할 것인가? 한 사람은 급격한 변화는 불필요한 혼란을 야기할 수 있으므로 점진적으로 이루어져야 한다는 입장을 취한다. 다른 사람은 맨 위부터 바닥까지 철저하게 고치지 않으면 회사가 침체되어 궁극적으로 경쟁에서 패배할 것이라는 입장을 취한다.

유능한 리더가 되려면 어떻게 해야 할까?

베니스 | 리더는 누군가에게 배워서 될 수 있는 게 아니라는 제 설명에 모든 리더가 동의하더군요. 또한 책임감을 갖고, 자기 자신을 적절히 표현하고, 자기 자신을 물러나게 하는 것 또한 누군가 가르쳐주는 게 아니지요. 그러나 다른 리더가 앞서 걸어간 발자취를 고려하는 것은 유용할 수 있습니다. 저는 그것을 자각에 관한 네 가지 교훈으로 정리했는데 다음과 같습니다. (1) 나 자신이 나의 최고 교사이다. (2) 책임을 감수하고 아무도 비난하지 않는다. (3) 배우고 싶은 것은 무엇이든 배울 수 있다. (4) 진정한 깨달음은 경험에서 비롯된다.

첫 번째, 나 자신이 나의 최고 교사이다. 아주 쉽게 이렇게 말하고 싶습니다. 학습은 개인이 변화함으로써 얻는 경험이라고 말입니다. 학습은 재산처럼 모으려는 게 목적이 아니며 새로운 사람이 되기 위한 것이죠. 배우는 것은 소유하는 것이 아니라 다만 존재할 뿐입니다.

두 번째, 책임을 감수하고 아무도 비난하지 않는다. 이 말은 직관적으로 보았을 때는 정말 그럴 것처럼 보입니다. 저도 그렇게 생각하니까요. 하지만 제가 인터뷰했던 사람 가운데 한 사람의 이야기에 귀를 기울이길 바랍니다. 월트 디즈니의 아주 젊은 리더 마티 캐플란(Marty Kaplan)은 제가 아는 사람 가운데 책임 감수 부문에서는 최고의 모델이라 할 수 있습니다. 마티 캐플란은 37세에 디즈니 프로덕션의 부사장으로 일했습니다. 그는 생물학에서, 방송계와 신문 업계, 수준 높은 정치학까지 다채로운 이력을 갖고 디즈니에 입사했습니다. 그는 다양한 지식을 가지고 있었지만 영화 산업은 잘 몰랐죠. 그가 디즈니에 왔을 때는 풋내기였습니다. 나는 그가 설계한 '대학'을 설명할 때, 성공을 위해 그가 어떤 식으로 책임을 감수했는지 알 수 있었어요. 그의 설명은 이렇습니다.

"저는 이 일을 시작하기 전에 6주 동안 매일 5~6편의 영화를 보면서 공부했습니다. 그 뒤 저는 영화를 훌륭하게 만드는 요소를 파악하려고 수많은 대본을 닥치는 대로 읽었습니다. 저는 이렇게 나만의 학습법을 창조하여 비즈니스와 예술 감각을 모두 얻을 수 있었습니다. 저는 항상 공동체를 중시하는 세계에 살았죠. 제가 대학원에서 문학을 전공할 때, 작가나 비평을 이해하는 것은 곧 우주를 아는 것과 같았습니다. 워싱턴에서는 정치가를 알아야 했고 여기서는 배우를 알아야 하죠. 저는 핵심적인 시나리오 작가가 100여 명 있음을 알게 되었습니다. 그래서 그 작가들의 시나리오를 체계적으로 읽기 시작했습니다. 제가 여기에 왔을 때 사람들은 기초를 아는 데만 3년은 족히 걸릴 거라고 했습니다. 그러나 9개월 뒤에 스튜디오 담당자는 제게 지금 하는 일을 중단하라며 승진을 통보하더군요. 그가 제프리 카젠버그였습니다. 그러면서 동료들이 제 성과를 평가했다고 하더군요.

제가 디즈니에 입사했을 때 한 일은 날마다 스튜디오 담당자의 사무실에 하루 종일 죽치고 앉아 그의 말과 행동을 죄다 보고 듣는 것이었습니다. 작가가 방문하거나 프로듀서가 올 때에도 저는 늘 거기에 있었습니다. 그는 전화를 하면서 지금 내 위치에 있는 사람들과 다투더군요. 나는 그걸 모두 들었습니다. 거절할 때는 어떻게 하며 찬성할 때는 또 어떻게 하는지? 다른 사람을 설득할 때는 어떻게 하는지 모두 듣고 있었던 거죠.

또 저는 입사하고 한 달 내내 노란색 종이철을 갖고 다니면서 이해하지 못하는 단어나 전문용어, 명칭, 전략, 계약체결, 재무에 관한 의문점을 적었습니다. 그런 다음 답을 알려줄 사람을 찾으려고 정기적으로 총총거리며 돌아다녔습니다!" 이게 바로 마티 캐플란이 설계한 학습법이자 '대학' 이었습니다.

타운센드 | 마티 캐플란은 독특한 사람이군요. 그는 분명 흥미로운 기회를 잘 포착한 것 같습니다. 여하튼 첫 번째 교훈, 즉 나의 최고 교사는 바로 나라는 교훈은 제 목록에는 없습니다. 사실 제가 아메리칸 익스프레스에 있을 때 펠릭스 로하틴(Felix Rohatyn)이 저를 에이비스의 CEO로 오라고 했을 때, 저는 렌터카 업계는 아무것도 모른다고 단언했습니다. 그러자 그가 "당신은 사람과 관련된 비즈니스를 할 겁니다. 당신은 사람을 경영하기 위해 고용되는 것이지요. 당신이 렌터카

업계의 전문가처럼 생각하기 시작하면 바로 그 순간 해고될 것입니다!"라고 하더군요.

저는 영화 산업을 9개월 안에 이해할 수 있음에 놀랐습니다. 저는 21세기폭스에서 국제 마케팅 팀장으로 2년 동안 일했지요. 제가 회사를 떠날 때는 영화 업계에 발을 들여놓았을 때보다 더 모르겠다는 생각이 들더군요. 당신이 말한 이야기가 저와 관련된 이야기인지, 마티 캐플란과 관련된 이야기인지, 영화 업계와 관련된 이야기인지 잘 모르겠습니다.

베니스 | 세 번째, 당신은 배우고 싶은 것은 무엇이든 배울 수 있습니다. 마티 캐플란과 관련된 논의를 좀더 하지요. 나는 그가 설계한 대학에서 마친 일종의 학습이 경험의 반영과 관련 있다고 생각합니다. 그런데 이는 당신과 제가 행동에 치우친 대화를 나누고 있음을 의미할 수 있습니다. 될 수 있는 한 일어나서 행동함으로써, 가능한 한 많이 연구함으로써 책임을 떠맡으세요. 캐플란이 자신의 성공담을 이야기하면서 "한 요소를 더 추가하자면 바로 경험하고자 하는 욕구입니다. 사람들은 경험하는 걸 싫어하며 그래서 배우지 못하죠!"라고 하더군요. 당신이 새롭고 불안한 것을 흡수하고 싶은 욕망이 없으면 당신은 결코 배우지 못할 겁니다.

타운센드 | 책임감이 없다면 어떻게 책임을 떠맡을지 모르겠군요. 그러나 그런 생각에는 동의합니다. 책임감에서 벗어날 수 있다면, 많은 심란한 것들을 배울 수 있는 좋은 방법이 되겠군요.

베니스 | 마지막으로, 진정한 깨달음은 경험 반영에서 얻을 수 있습니다. 또한 경험 반영은 당신 자신이 소크라테스와 대화함을 의미합니다. 즉 당신의 진정한 삶과 자아를 발견하려는 과정에서 적절한 시기에 적절한 질문을 던지는 것을 말하지요. 실제로 무슨 일이 일어났으며, 왜 그런 일이 일어났고, 그 일은 내게 어떤 영향을 미쳤는가? 또 그 일은 내게 무슨 의미가 있는가? 나는 다른 무언가에서 무엇을 배울 수 있을지 잘 알 수 없네요. 어떤 사람은 책을 통해서도 배울 수 있지만요.

하지만 리더십에 관하여 많은 연구와 강의를 하는 대학교수와 실제로 그것을 경험한 당신 같은 사람 사이에는 말로 표현할 수 없는 큰 차이가 있다고 생각합니다.

타운센드 | 그렇군요. 워렌! 당신은 엄밀히 말하면 교수를 한 적 없지요. 당신이 신시내티대학 총장을 맡았을 때 외부인이 그 기관의 경영을 맡고 있었지요. 그러니까 거기서 당신은 진정한 경영을 경험했겠군요.

베니스 | 우리가 약품에 관해 말하든, 작문에 관해 말하든 또는 법률이나 양육, 사랑에 관해 말하든 그것은 객관적인 진실이라고 생각합니다. 따라서 경험을 통한 학습을 대신할 만한 것은 없다고 생각합니다. 그것은 우리가 함께 배워야 할 삶입니다. 그냥 보는 것만으로는 좋은 외과의사가 되지 못합니다. 반드시 실행해야 합니다. 저는 그것이 삶의 모든 영역에서 통용되는 아주 소중한 진리라고 생각합니다. 그것은 분명 리더십과도 관련 있습니다.

타운센드 | 반박의 여지가 없군요.

베니스 | 삶을 탐구하는 여정은 온통 자신의 경험을 반영하는 것입니다. 이제 그것을 도와줄 사람이 필요할지 모르겠군요. 그게 바로 자신이 존중하는 사람들에게 조언과 피드백과 현명한 문제제기를 듣는 중요성입니다. 그게 바로 제가 경영자에게 일기를 쓰라고 권유하는 이유입니다. 또 그것은 제가 사람들에게 안식일을 만들라고 권유하는 이유이기도 합니다. 자신을 되돌아볼 수 있는 기회라면 무엇이든 말입니다.

제가 경영자들에게 물었죠. 어떻게 학습했고 왜 경험에 반영할 수밖에 없느냐 물으면, 그들이 자주 하는 말이 무엇인지 아세요? 많은 사람이 불행한 결혼생활과 이혼으로 고통받았다는 거지요. 지금 당장 생각나는 사례는, 한 가족의 딸이 자살했다는 것입니다. 그런 개인적인 고통이 그 사람에게 처음으로 자신의 삶을 되돌아볼 수 있게 했음을 알고는 적잖이 놀랐습니다.

당신도 알다시피 이런 것은 변명하려면 소리를 질러야 하기 때문이죠. 학습하는 사람은 이해하려고 노력합니다. 학습하지 않는 사람은 회사는 물론이고 인생에서도 성공하지 못할 겁니다.

타운센드 | 제 생각에 리더가 될 사람은 자신을 변화시킬 각오를 해야 합니다. 그들은 누구에게도 도움을 받지 못할 겁니다. 그들은 분명 우리가 말하는 핵심사항을 이해해야 하며, 무엇이 불안감에서 벗어나게 하는지 알아내려고 노력해야 합니다. 거기에서 그들은 배울 것입니다. 그러면 절대로 할 수 없을 것으로 여기던 일에 노력을 쏟아 붓고

싶을지 모릅니다. 그러나 그들은 자신을 리더로 변모시켜야 합니다. 리더십을 가르치는 학교는 없으니까요.

베니스 | 그 말이 맞는 것 같군요. 저는 당신의 결론을 이렇게 표현해 보겠습니다. 자기관리를 어떻게 하십니까? 이게 바로 당신이 말하는 거죠. 우리는 승진할 수 있습니다. 거기에는 올가미 구실을 하는 사람이 있었거나, 촉매제 역할을 하는 사람이 있었을 수 있지요. 그러나 기본적으로는 자신에게 달려 있습니다. 쉽고 간단한 비결이나 해결책이 있으면 아주 좋겠죠. 그러면 '이렇게 해라!' 하고 말할 수 있을 테니까요.

있잖아요. 그게 바로 제가 리더십이나 경영관련 서적에 분노하는 이유입니다. 그런 책은 이렇게 하면 성공한다고 암시하잖아요. 전자레인지에 사람을 넣었다 꺼내면 위대한 리더가 될까요?

리더는 진정으로 자기 자신을 발명해야 합니다. 고안하는 게 아니라, 정말로 하나의 자아를 구성하는 자신만의 피조물을 창조해야 합니다. 저는 훌륭한 리더가 학습 욕구가 엄청나고 경험에서 배우려는 모습을 계속 지켜보았습니다. 프랑스어에 '브리콜레르(bricoleurs)' 라는 단어가 있습니다. 골동품 아시죠? 그걸로 예술작품을 만드는 사람을 뜻합니다. 리더는 조각을 이어 붙여 하나의 완전한 사람을 만듭니다. 리더는 자신의 삶을 더욱 정교하게 만듭니다. 이것이 제가 말하는 자아의 발견입니다.

타운센드 | '브리콜레르' 라는 단어에는 또 다른 뜻도 있습니다. 관련 없는 잡동사니를 조립하여 어려운 문제의 해결책을 제시하는 창의적

인 재주꾼이나 땜장이를 말하기도 합니다. 침팬지가 식물의 줄기를 씹은 걸로 개미구멍을 막아 개미들을 급히 밖으로 나오게 하여 잡아 먹는다는 사실을 어떤 사람이 발견하기 전까지, 클로드 레비스트로스가 인간과 유인원을 구별하려고 이 '브리콜라주(bricolage)'를 활용했죠. 그러나 그 단어는 분명 유능한 리더에게도 적용됩니다. 이는 희망 없는 상황에서 유능한 리더가 회사를 잘 이끌어감으로써, 어떻게 마술 같은 성공을 이끌어내는지 설명해줍니다. 리더의 능력은 신이 부여했고, 리더는 그 능력을 최대한 발휘하는 것입니다.

대화의 시작 | 유능한 리더가 되려면 어떻게 해야 할까?

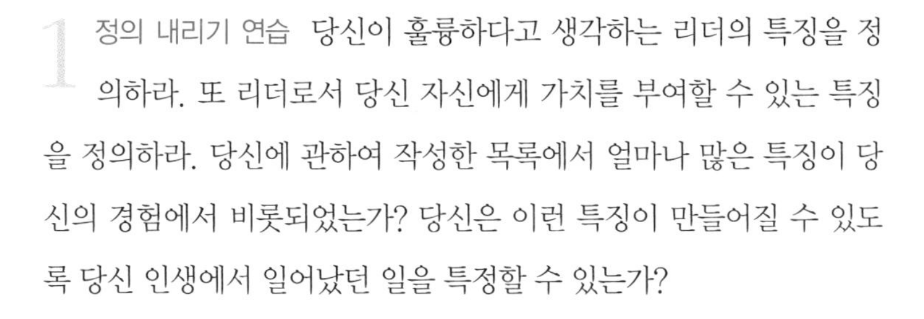

1 정의 내리기 연습 당신이 훌륭하다고 생각하는 리더의 특징을 정의하라. 또 리더로서 당신 자신에게 가치를 부여할 수 있는 특징을 정의하라. 당신에 관하여 작성한 목록에서 얼마나 많은 특징이 당신의 경험에서 비롯되었는가? 당신은 이런 특징이 만들어질 수 있도록 당신 인생에서 일어났던 일을 특정할 수 있는가?

2 가상 토론 마티 캐플란의 발자취를 따라, 당신 회사의 최고 리더 자리에 앉으면 어떤 일이 일어날지 상대방과 토론한다. 당신은 전에는 결코 몰랐던 리더십 유형에 관해 무언가 배울 수 있을까? 그것이 의사결정 스타일이나 우선순위의 결정, 장애물 극복을 위해 더 많은 통찰력을 제공할 수 있을까? 아마 그것들은 당신 회사에서 실제로 실행하려던 것일지도 모른다. 확인하라.

WARREN BENNIS

제4장

비전 부여잡기

'비전 있음'의 의미는 무엇일까?

리더는 비전을 어떻게 전달할까?

리더의 비전은 회사에 어떤 영향을 미칠까?

ROBERT TOWNSEND

리더는 세상에서 가장 결과지향적인 사람이다. 결과에 대한 이런 집착은 자신이 무엇을 원하는지 이해했을 때에만 가질 수 있다. 효과적인 리더십을 위한 두 가지 핵심은, 당신이 무엇을 원하는지 알고, 그것을 행동으로 옮길 수 있느냐이다. 비전을 전개하는 방법은 수만 가지일 것이다. 그러나 우리는 추종자와 다른 사람들에게 비전을 조직의 현실로 만드는 것을 장려하는 데 초점을 맞춘다. 비전을 부여잡는다. 이는 맨 처음 리더를 부여잡고, 리더의 열정에 따라 추종자와 투자자의 관심을 끌 것이다. 그러나 비전에 관한 기업의 관심은 리더가 꿈을 추구하면서 무엇을, 어떻게 하느냐에 따라 유지된다.

'비전 있음'의 의미는 무엇일까?

베니스 | 요즘 이야기를 나눈 사람 가운데 가장 흥미로운 리더는 큰 의과대학 병원에서 일하는 사람이었습니다. 그 조직은 잘 모르지만 예산을 10억 달러쯤 사용한다고 하더군요. 뉴욕에 있는 아주 큰 조직이었습니다. 그가 "저는 일생의 대부분을 무엇이 중요한지 다른 사람들에게 깨우쳐주면서 보냅니다"라고 했습니다. 그는 노인 전문담당 외에는 어떤 것도 관리한 적이 없었어요. 그는 이 훌륭한 일을 떠밀리다시피 해서 하게 되었지만 복잡한 관리 업무를 잘 수행했습니다. 제가 "가장 놀라웠던 일은 무엇이었죠?"라고 묻자 그는 "글쎄요! 처음에는 병원과 관련된 이해관계자 수치였어요. 〈뮤직 맨〉이라는 뮤지컬에서 외판원을 하던 해럴드 힐의 말처럼 그 영역을 알아야 했죠. 그러나 저는 사람들에게 무엇이 중요한지 일깨워줘야 했습니다. 이곳에서 우리

행동을 통해 조직에 비전이 전달되면 추종자는 비전을 현실로 만들 수 있다는 확신을 갖게 된다. 반면 기업의 체계가 어수선하거나 불필요한 규칙 때문에 실행하기 어려운 비전은 조직에 혼란을 초래하고 때로는 파괴적인 결과를 가져오기도 한다. 조직의 전환을 이야기할 때는 바로 이 부분에 주의해야 하는데, 훌륭한 리더십을 파괴하지 않으려면 조직의 시스템을 먼저 정비해야 한다.

– 로버트 타운센드

가 할 일은 환자들이 더 좋아지고 건강해지게 돕는 일입니다. 다른 모든 것은 비용이고 또 변명이니까요!"

우리는 그것을 비전이라고 부를 수도 있고 전략적 의도라고 할 수도 있습니다. 그러나 기본적으로는 리더가 원하는 게 무엇인지 아는 감각입니다. 루마니아 출신 오케스트라 지휘자 세르지우 코미시오나(Sergiu Comissiona)는 볼티모어와 휴스턴에서 교향악단을 지휘했는데, 세계에서 손꼽히는 젊은 지휘자입니다. 사람들에게 코미시오나가 칭송받는 이유를 물어보았습니다. 그런데 대답이 너무 단순한 것처럼 들려 적잖이 놀랐습니다. 단원들은 이렇게 대답하더군요. "그는 우리 시간을 낭비하지 않습니다!" 이 대답은 무엇을 의미할까요. 그다지 훌륭한 것처럼 들리지는 않았습니다. 하지만 잘 생각해보니 그가 늘 자신의 의도나 목적, 원하는 바를 분명히 하고 있었음을 알 수 있더군요. 물론 리허설 도중에 변경이 전혀 없었다는 얘기는 아닙니다.

사실 아스펜에서 그의 음악활동을 면밀하게 관찰했는데, 그가 원하는 소리는 매우 명백하고 단순했습니다. 그리고 직속부하나 문하생, 특히 전문가에게 반드시 지키길 원한 것이 시간이었습니다. 무엇이 그보다 더 소중할까요? 우리는 분명한 전략적 의도가 있을 때 또는 분명한 목적의식과 생각이 있을 때, 사람들의 시간을 절약할 수 있다고 생각합니다. 또한 저는 지휘자와 관현악단 사이에서 교감하는 무언가가 관점을 변화시킬 수도 있다고 주장하고 싶습니다. 물론 변화는 시간이 흘러야 알 수 있겠지만 그것은 언제나 명백했습니다.

내 스스로 무능한 리더라고 느껴지던 시기가 있었습니다. 어떤 특정한 일이 있어났을 때 제가 무얼 원하는지 분명히 알 수 없었기 때문이죠. 결과가 어땠을지 잘 알 수 있을 겁니다. 하지만 제가 만나본 유능한 리더들은 바지 뒷주머니에 항상 점검표를 넣고 다니더군요.

당신이 그걸 무엇으로 부르든, 그들은 그렇게 해서 강력한 전략적 의도와 목적, 비전, 임무, 목표를 얻더군요. 저는 이 단어들을 동의어로 사용합니다. 그러나 많은 사람이 사소한 문제로 갑론을박하더군요. 많은 경영이론가들이 "임무와 비전, 목표나 전략적 목적의 차이는 무엇인가?"라고 하잖아요. 저는 의도와 목적을 다른 사람에게 전달할 수 있는 능력을 말하는 겁니다. 그것이 바로 코미시오나를 통하여 말하려 했던 것이며, 모든 유능한 리더가 지닌 능력이기도 하지요.

타운센드 | 침몰하는 회사를 물끄러미 바라보면서 어디로 방향을 잡아야 할지 탐색이나 하며 망상하는 것이 제가 갖고 있는 문제입니다. 우리는 비전을 적절한 시간의 틀에 위치하도록 해야 합니다. 또 기업은 모든 사람에게 비전이 전달되기 전에 단결하고 집중하며, 초점을 맞

추고, 일정한 수익을 낼 수 있어야 합니다. 그래야 추종자들은 누군가와 상담하지 않고 의사결정을 돕기 위해 비전을 활용할 수 있습니다. 우리가 기업에게 강조한 말은 '비전을 가져야 한다!' 는 것입니다. 어설픈 리더는 사명이나 가치관을 석 장 분량이나 작성하여 플라스틱 액자에 담아 회사 로비에 걸어두지만 그런 건 아무런 효과가 없습니다.

베니스 | 그렇군요. 그러나 제가 알고 있거나, 책에서 봤거나, 개인적으로 인터뷰했던 훌륭한 리더들은 모두 실천적인 몽상가였습니다. 훌륭한 리더는 비전이 있을 뿐만 아니라 항상 실천한다는 뜻이지요. 씨티은행 회장이었던 월터 리스턴(Walter Wriston)과 함께 장기계획과 비전을 이야기할 때 그가 말했습니다. "이봐요, 워렌! 저의 장기계획은 기한이 정해진 꿈이랍니다!" 비전이 없으면 의도나 목적을 분명히 할 수 없고 권한도 위임할 수 없기 때문에 비전이 중요합니다. 그러나 당신 말도 맞습니다. 비전만으로는 충분하지 않습니다. 실천이 뒷받침되지 않는 비전은 아무런 소용이 없으니까요.

조직의 리더는 조직에 비전을 주지시키고, 유지시키기 이전에 많은 실행 단계를 거쳐야 합니다. 그래서 리더의 모든 공고, 발표, 명령은 모두 행동으로 뒷받침되어야 합니다. 그렇게 뒷받침되지 않는 말은 공허하고 의미가 없습니다.

제가 지금까지 본, 비전이 가장 아름다운 회사는 LA 시내에 있는 회사였습니다. 그 회사의 비전은 '여섯 개의 약속' 이라고 부릅니다. 그리고 회사의 모든 사무실에 플라스틱 액자로 아름답게 꾸며 걸어놓았습니다. 여섯 개의 약속에서 흥미로운 점은 그 약속 가운데 어느 하나도 조직의 현실을 기반으로 하지 않았고, 조직의 현실과도 일치하지 않는다는 것입니다.

여섯 개의 약속 가운데 하나를 들면 "우리는 우리 직원의 자주성과 성실성을 존중하고, 스스로 관리하는 직원을 믿는다"입니다. 그러나 이런 큰 공기업에 들어가려면 LA 시내에서 차를 타고 40킬로미터를 운전하고도, 서명을 여섯 개나 받아야 합니다.

저는 가끔 이렇게 아주 아름다운 액자를 생산한 루사이트(Lucite) 같은 회사나, 사람들이 주머니에서 꺼내는 얇은 카드가 비전에 대한 열광적인 반응을 촉진했다고 생각합니다. 그렇지만 흥미로운 사실은 그러한 비전이 정말로 조직의 현실을 기반으로 하지 않으면 파괴적일 수도 있다는 것입니다.

제가 말하고 싶은 두 번째 사항은 당신이 말한 내용, 즉 최고의 리더는 경영 수행 능력과 비전 능력을 통합하고 접목시킨다는 것입니다. 일반적으로 사람들은 두 가지 능력을 분리된 형태로 갖고 있습니다. 하지만 아주 유능한 리더는 둘 다 갖고 있지요.

저는 샌프란시스코 포티나이너스와 스탠퍼드대학 미식축구팀 감독이었던 빌 월시(Bill Walsh)를 관찰하고 인터뷰한 적이 있는데, 그는 비전이 있는 사람이었습니다. 그는 상대팀에게 사용할 수 있는 모든 수비전술을 충분히 생각합니다. 그리고 상대팀의 주요 수비전술을 예상합니다. 그는 그런 예상에 따라 20분씩 게임을 합니다. 또한 세부 사항에도 신경을 씁니다. 그는 포티나이너스의 코치를 모두 직접 고용했습니다. 장비와 안전에 대해서도 걱정을 많이 했습니다. 1989년도 슈퍼볼에서 신시내티 벵갈스와 맞서 싸웠을 때, 조 몬태나가 승리의 터치다운을 기록했던 거 기억나실 거예요. 월시는 90초 안에 그 경기의 모든 일레븐을 불러냈습니다. 포티나이너스의 탈의실에서 월시와 함께 있을 때, 저는 그가 주운 신문에 나온 사진을 반듯하게 펴는 모습을 보았습니다. 비전만으로는 의미 없는 일이 될 수 있을 뿐만 아니라, 냉소와 의심을 불러일으킬 수도 있습니다. 최악의 경우, 비전이 복잡한 메시지와 결합되면 조직에 마비를 유발할 수도 있습니다.

제가 연구했던 한 회사에서는 비전이 매달 무너졌습니다. 그 회사의 직원들은 자신의 회사를 '이달의 비전 회사'라고 불렀다고 했습니다. 그리고 그들은 자신에게 기대하는 것이 무엇이 될지 몰라 가만히 서 있었습니다. 그들은 어느 길로 가야 할지 몰랐습니다. 그래서 저는 비전이 혼란을 줄 수도 있다고 생각합니다. 저는 지금처럼 리더십의 자질에 관한 이야깃거리가 바닥났을 때 그것을 강의하면서 힘든 시간을 보내고 있습니다. 비전이 중요하고, 조직에 비전이 있어야 함은 알지만, 조직 전체에 비전을 배치시킬 능력이 없으면, 정말로 비전은 유해할지 모릅니다. "묵시가 없으면 백성이 방자히 행한다"라는 성경 말씀처럼 말이죠. 비전이 없으면 무엇에 의미가 있습니까? 비전은 리더십의 난해하고 복잡한 요소 가운데 하나입니다.

타운센드 | 제 생각에 당신이 설명하는 것은 최고경영자의 도움으로 홍보부서가 쓴 비전이라고 생각하는데…

베니스 | 그렇습니다.

타운센드 | 그건 잘못된 방식입니다.

베니스 | 맞습니다. 그 이야기에 관한 또 다른 훌륭한 사례를 들어볼게요. 리바이 스트라우스의 사장 밥 하스(Bob Haas)는 홍보부의 비전 보고서를 받았습니다. 훌륭한 비전 보고서였죠. 그는 "이제 우리는 무엇을 해야 합니까? 우리 직원 1만 2천 명을 샌프란시스코에 데려다 놓고, 캔들스틱 파크로 행진하게 하고, 비전 보고서를 읽게 한 다음에 집으로 갈까요?"라고 했습니다.

대화의 시작 '비전 있음'의 의미는 무엇일까?

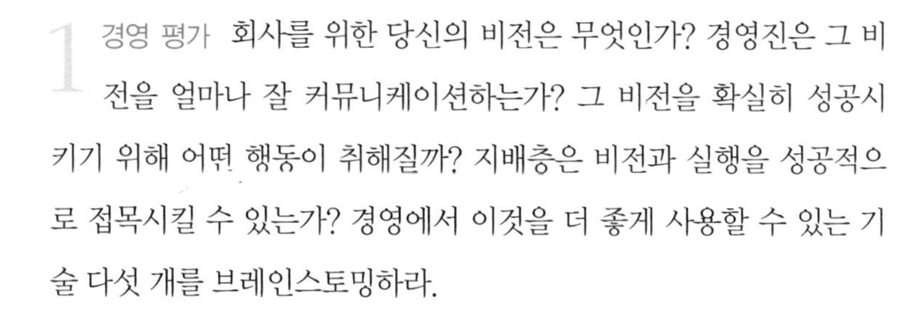

1 경영 평가 회사를 위한 당신의 비전은 무엇인가? 경영진은 그 비전을 얼마나 잘 커뮤니케이션하는가? 그 비전을 확실히 성공시키기 위해 어떤 행동이 취해질까? 지배층은 비전과 실행을 성공적으로 접목시킬 수 있는가? 경영에서 이것을 더 좋게 사용할 수 있는 기술 다섯 개를 브레인스토밍하라.

2 집단 토의 당신과 일하는 사람 4~5명과 함께 당신 일의 어떤 측면이 시간 낭비가 될지, 즉 어떤 요소가 회사의 전체적인 비전에 기여하지 못하는지 정하라. 회사의 목표 달성에 더욱 초점을 맞출 수 있는 방법을 토론해보라.

리더는 비전을 어떻게 전달할까?

타운센드 | 제 경험으로 보면 리더는 끈기가 있어야 하고, 특별히 싫어하는 직원을 포함해서 직원 모두와 이야기해야 하며, 회사의 전체 계층에 있는 사람과 이야기해야 하고, 그들과 대화를 통해 비전을 구축하는 데 힘써야 합니다. 직원의 신념은 무엇인가… 무엇을 다르게 해야 하는가… 무엇을 그만해야 하는가… 무엇을 시작해야 하는가… 우리가 무엇을 잘할 수 있고, 무엇을 잘못하는가.

그리고 그런 질문에서 비전이 나옵니다. 리더는 사람들에게 마법의 주문을 말해서 마침내 모든 사람의 머리 위에 백열전구가 반짝일 때까지 그 비전을 계속 시험해야 합니다. 그리고 저는 일부러 마법의 주문이라고 말했는데요. 그건 플라스틱 액자에 들어 있는 비전을 말하는 것이 아닙니다. 비전은 입으로 전달되어야 합니다. 그렇지 않으면 소용없습니다.

베니스 | 눈과 눈을 마주봐야겠죠.

타운센드 | 네, 그리고 리더뿐만 아니라 간부가 모두 비전을 명료하게 말해야겠죠.

베니스 | 근데 궁금한 게, 리바이 스트라우스 같은 거대한 조직이나, 당신이 일했던 에이비스나 제가 일했던 대학에서, 어떻게 모든 사람의 욕구를 하나하나 충족시킵니까?

타운센드 | 처음에는 아주 단순해서 모든 사람이 동의할 수 있을 정도로 대강의 목표를 가지고 시작해야 한다고 생각합니다. 에이비스의 사례를 들면 그 대강의 목표는 "회사를 흑자로 올려놓읍시다"였습니다. 우리는 그 목표를 정한 뒤 13년 동안 이룬 적이 없었습니다. 제 말은, 목표에 대한 동의를 구하기 위해서 모든 사람에게 말할 필요는 없다는 겁니다. 사람을 만날 때마다 비전을 전하는 겁니다. 그리고 비전을 향한 진보를 측정하고, 피드백하고, 보상하는 것입니다. 또한 조직을 정리하기 시작하는 거죠. 즉 필요하지 않은 사람뿐 아니라, 필요하지 않은 일을 제거하라는 것입니다.

그러면 일에 집중하는 사람, 정말로 통제가 필요 없는 사람만 남게 됩니다. 그들을 통제하는 것은 보상 체계와 분명한 목표(지극히 단순하고 단기간의 목표일지라도), 그 목표에 참여해 보상을 받고, 피드백을 자주 받는 것입니다. 일은 재밌어지고, 그러한 경험은 많은 사람에게 새로운 경험이 됩니다. 그때 리더가 해야 할 일은 회사에 돌아다니면서 진정한 비전에 대해 이야기하는 것입니다. 회사의 상위 10퍼센트 사람이나 상위 500명 안팎의 직원, 또 우연히 만나는 사람과 이야기하고 그들의 말을 듣는 데에는 여섯 달이 걸립니다. "우리는 정말로 여기서 무엇이 되고 싶은가? 최선을 다해서 시도할 만한 것은 무엇인가?"

그 6개월이 끝나면 리더는 더 좋은 비전을 얻습니다. 단순하고 단기적인 목표가 아닌 비전 말입니다. 그는 그 비전을 자신의 팀과 바로 아랫사람에게 실행했고 일반적인 동의를 얻었습니다. 만약 리더가 그 여섯 달 동안 일을 잘했으면, 그는 비전을 제대로 만들고, 그것을 바꾸지 말아야 합니다.

베니스 | 그 멋진 얇은 카드도 돌릴 필요가 없죠. 저는 어떻게 하면 비전을 현실로 만들지 이야기할 때, 사람들이 머리가 아닌 가슴과 마음으로 비전을 이해할 수 있게 해야 한다고 생각합니다. 저는 제가 관찰했던 어떤 리더들이 상호작용 외에는 별다른 대체 방안이 없었을 때도 부지런히 대화하는 방식에 감명받았습니다.

로버트 레드포드가 감독으로 데뷔한 영화 〈보통 사람들〉은 작품상과 감독상을 포함하여 아카데미상을 여러 개 받았습니다. 레드포드는 카메라맨들과 함께 일하면서, 그의 비전을 현실로 만드는 방법을 사용해서 아주 흥미롭게 일했습니다. 박식하다는 사람들은 '너무 잘생기고, 젊은 축에 드는 신인' 감독에게 의심이 매우 많았습니다. 그는 그들에게 영화의 영상이 나타나는 방식에 관한 자기 생각을 이야기하면서 "이 훈련을 함으로써 저를 기쁘게 해주셨으면 좋겠습니다. 여러분에게 어떤 음악을 틀어줄 텐데요. 여러분은 그 음악을 들으면서 눈을 감고 이 영화가 시작되는 방식을 떠올렸으면 좋겠습니다. 저는 색깔이 막 변하는 나뭇잎과 가을에 학교로 돌아가는 아이들이 있는 풍족한 교외지역에서 영화를 시작했으면 좋겠습니다. 그러나 여러분이 눈을 감고 이 음악을 들으면서 이 장면, 영화의 색깔, 분위기, 구조가 어떻게 될지 생각해주셨으면 합니다"라고 했습니다. 그래서 그는 손바닥만한 카세트로 파헬벨의 캐논 D장조를 틀었고, 음악은 아주 천천히 흘러나왔습니다. 아주 냉소적인 사람들은 이 훈련에 열중하지만, 가까스로 약간은 창조적인 것을 보여줍니다.

그는 한 감각을 다른 감각으로 변형시키는 공감이라는 오래된 속임수를 쓴 것입니다. 월트 디즈니는 몇 년 전에 〈판타지아〉에서 공감각을 사용했습니다. 레드포드는 또한 자신의 비전을 현실로 만들기 위해 스태프들의 참여를 이끌어냈습니다. 이런 기술은 어떻게 보면 상호 작용을 위한 노력일 수도 있겠죠. 〈보통 사람들〉은 이 기술의 유효성에 대한 방증입니다. 머릿속에 떠오르는 두 가지 사례가 있네요.

프랜시스 헤셀바인(Frances Hesselbein)이 걸스카우트를 떠맡았을 때가 기억납니다. 그녀가 처음으로 한 일은 걸스카우트의 로고를 바꾸는 것이었습니다. 그녀는 핀을 바꾸었습니다. 걸스카우트는 1912년에 시작되었습니다. 그때가 제1차 세계대전 직전이었기 때문에, 미국 전역에는 전쟁 분위기가 감돌았습니다. 그녀가 걸스카우트를 맡았을 때 걸스카우트의 핀은 전쟁과 비슷한 느낌을 자아냈습니다. 핀은 큰 발톱이 달린 독수리였습니다. 그녀는 솔 바스라는 아주 훌륭한 디자이너에게 걸 스카우트의 핀을 다시 디자인하게 했습니다. 이는 간단하게 들릴지 모르지만, 솔 바스가 상징적으로나마 아주 중요했음을 의도하기 위한 갖가지 변화의 집합 장소였습니다. 그 핀을 디자인한 것은, 레드포드가 했던 것과 똑같은 책략이었습니다. 레드포드는 비전을 창조하는 데 스태프를 참여시키고, 헤셀바인도 솔 바스가 새로운 핀을 디자인하게 했습니다.

대화의 시작 | **리더는 비전을 어떻게 전달할까?**

1 토론 질문 회사의 비전에 관한 아이디어는 어디서 비롯되는가? 한 명은 비전이 회사원에게서 발생해야 하며, 리더의 역할은 직원이 주는 정보에 기초해서 합일된 의견을 창조하는 것이라는 입장을 취한다. 다른 사람은 리더가 회사를 위해 가장 좋은 것을 알고 있을

테니, 비전이 상층부에서 발생해야 하고, 서열에 따라 아래로 전달되어야 한다는 입장을 취한다.

2 듣기 훈련 리더의 비전 커뮤니케이션 방식에 정말로 감명을 받은 마지막 순간은 언제였습니까? 왜 그 사람의 커뮤니케이션 기술이 굉장히 효과적이었는지 그 이유를 다섯 개 열거하시오. 이제 당신이 느끼기에 리더가 전통적인 플라스틱 액자로 알리는 방식 말고, 자신의 비전을 회사 전체에 퍼뜨릴 수 있는 방법을 다섯 가지 열거하시오.

리더의 비전은 회사에 어떤 영향을 미칠까?

타운센드 | 제가 아메리칸 익스프레스의 투자부장이었을 때 저희 회사는 일반적인 포트폴리오(분산투자)라는 목표를 만들었습니다. 저는 아메리칸 익스프레스의 자본 수십억 달러를 투자했습니다. 그러나 특별한 상황이 가득한 포트폴리오를 인계받았습니다. 그래서 많은 손실을 떠안았습니다. 저희는 이 유가증권의 수익을 극대화하고 싶었습니다. 그래서 아주 단순하게 "이게 우리가 갖고 있는 것이지만, 상상의 포트폴리오를 더욱 정상적인 것으로 만듭시다. 이 유가증권은 우리가 오늘날 알고 있는 것에 입각하기 위해 필요하며, 우리는 몇 년에 걸쳐 그 이상으로 도달할 수 있는 변화를 만들어내겠습니다"라고 했습니다.

리더로서 제 역할은 상층부의 반대를 저지하는 것이었습니다. 상층부에 있는 사람들은 그 충고를 이해하지 못했고, 그것을 하고 싶어하지도 않았습니다. 저는 상층부 사람들에게 가서 제안을 옹호하고, 계속해서 제안된 아이디어가 승인되도록 했습니다. 그러고는 우리의 유가증권이 정상에 조금 더 가까워졌다는 사실에 안도의 한숨을 쉬곤 했죠.

제가 생각하기에 이 모든 일은 리더의 역할입니다. 회사의 신념을 실행에 옮기거나, 회사의 목표를 달성하기 위해 자신의 역할을 실행하는 것 말입니다.

베니스 | 높은 기대감에 대한 사례로 이야기를 시작할까 합니다. 대략 25년 전에 하버드대학에서 행한 아주 유명한 실험 이야기입니다. 그것은 나중에 '피그말리온 효과' 라고 부르는 아주 재미있는 실험이었죠.

실험자는 초등학교 교사 50명이었습니다. 25명에게는 그들이 가르칠 학생들이 낙제생이며, 가족은 교육열이 높지 않다고 했습니다. 나머지 25명에게는 "당신들이 맡은 아이들은 훌륭해요. 그들은 우등생입니다. 그들의 가족은 교육열이 대단합니다"라고 했습니다.

그렇게 설정한 뒤, 아이들이 학습하지 못할 것이라는 말을 들은 교사가 가르친 아이들의 점수는 학기말에 대략 25~30점 떨어진 걸로 판명되었습니다. 아이들이 뛰어난 우등생이 될 것이라는 얘기를 들은 교사가 가르친 아이들의 점수는 약 50점 상승했습니다. 사실 아이들은 무작위로 선택되었습니다. 두 아이들 표본 사이에는 차이점이 전혀 없었습니다. 차이점이라면 교사들이 들은 이야기밖에 없었습니다. 교사들이 높은 기대치를 갖고 있을 때, 학생들은 정말로 그렇게 실행했습니다.

제 생각에 이 사례에서 얻은 교훈은 경영에도 똑같이 적용할 수 있을 것 같습니다. 제가 학생들에게 다음과 같이 말하지 않은 이상, 제가 저희 학생들에게 가진 높은 기대감 때문에 실망한 적은 없었습니다. "자, 6주 안에 이 자료를 통달하면, 이 분야에서 여러분이 알아야 하는 것은 무엇이든지 알게 될 것입니다. 여러분은 아주 박식해져서 '잘 모르겠는데요' 라고 하면서 불안함을 느끼지 않아도 될 것입니다. 그러나 그렇게 되기 위해서는 연구를 엄청 많이 해야 될 것입니다." 이 이야기는 모두 피그말리온 효과란 무엇인가에 대한 이야기입니다.

그것은 희망감, 낙천주의, "너는 할 수 있다"는 느낌입니다. 승리를 이끄는 모든 감독이 선수들에게 줄 수 있고, 승리를 이끄는 모든 상사가 종업원에게 줄 수 있고, 승리를 이끄는 모든 정치가가 국민에게 줄 수 있는 것입니다. 그리고 실제 리더십의 요소로서 그러한 기대를 만드는 것은 매우 중요합니다.

비전을 전달하는 방법은 무수히 많습니다. 비디오테이프부터 화상회의까지 방법은 많을수록 좋다고 할 수 있겠죠. 그리고 만화는 추상적이며, 비전을 아주 평범하고 구체적인 이미지로 바꿀 수 있기 때문에 훌륭한 방법입니다. 린든 존슨이 예전에 최악의 평론가 월터 리프만에 대해 이렇게 말한 적이 있죠. "그가 그림을 그리지 않는 게 천만다행입니다." 왜냐하면 정치가들이 신문에서 가장 먼저 보는 것은 사설이 아니라 카툰이기 때문입니다. 보스턴에서 베스 이스라엘 병원이라는 아주 멋진 병원을 운영하는 미첼 랩킨 박사가 메모를 이용하는 방법은 아주 훌륭합니다. 그의 메모는 한 편의 시입니다. 그 시는 정말로 시를 쓴 사람의 마음을 전달합니다.

그러나 말이 아니라 행동이 효과가 있을 때도 있지요. 제가 자문위원회에 있었을 때 설문조사를 한 적이 있었습니다. 어느 주말에 택시

운전기사 여섯 명에게 "아픈 환자가 당신 택시에 탔을 때 어느 병원으로 데리고 갈 것입니까?" 혹은 "당신이 사고를 당했을 때, 어디로 갈 것입니까?"라고 물었습니다. 그들은 모두 베스 이스라엘이라고 했습니다. 그러니까 그 비전은 지역사회 전체에 걸쳐 커뮤니케이션됐던 것입니다.

랩킨은 그 비전을 직원들에게 반복 설명하면서 시간을 보냅니다. 중요한 것은 비전이 분명해야 하고 단순히 말뿐 아니라 행동으로 제시되어야 한다는 것입니다.

타운센드 | 당신이 직원들의 피드백을 기분 좋게 받아들인다는 것을 직원들이 알게 하기 위해 당신이 취할 행동이 있습니다. 현장으로 나갔을 때 현장 직원들에게 "우리가 그만 해야 하는 것이 무엇이죠?"라고 물어보십시오. 그러면 그들은 이렇게 말하겠지요. "왜 우리는 두 쪽 분량의 보고서를 써서 매달 마케팅 부서에 내야 하지요? 제 말은, 저희도 고객이 누구인지 알고, 마케팅 부서 사람들도 고객이 누구인지 안다는 말입니다." 보고서는 영업사원이 자신의 구역을 방문하고 현장에서 문제를 해결하는 데 시간을 더 많이 보낼 수 있게 그 사람들에게서 덜어내야 할 부담입니다. 그렇게 하면 그 사람들이 모두 당신에게 주목할 것입니다. 그것은 현장에 나가서 하는 일 가운데 하나입니다. 당신이 현장에 있는 사람들에게 얻은 생각에 반응하는 것은 또 다른 일입니다. 이제 당신은 본사로 그냥 돌아가지 말고 교황 칙서를 쓰십시오. 당신이 할 일은 돌아가서 현장에서 들은 것을 간부에게 이해시키는 겁니다.

그렇게 되면 당신은 일주일을 기다리고 나서, 테이블에서 나누었던 이야기를 직원들에게 다양한 각도에서 다양한 말로 다시 이해시키는 것입니다. 마침내 그들은 모두 일어나 경례를 합니다. 현장에 있는 사람들이 매월 보고서를 더는 제출하지 않아도 된다는 말을 들었을 때 그들은 "이야, 정말로 뭔가 새로운 게 진행되고 있구나!" 라고 말할 겁니다.

대화의 시작 리더의 비전은 회사에 어떤 영향을 미칠까?

1 브레인스토밍 대화 사람들은 당신 회사의 경영진에게 기대감을 느끼는가? 그들은 복잡한 메시지를 받고 있는가? 회사에 있는 다른 사람에게 높은 기대치를 전달할 수 있는 새로운 방법 다섯 가지에 관해 브레인스토밍한다. 긍정적인 결과를 강화하기 위해 당신은 무엇을 할 수 있는가? 당신이 다른 사람들에게 높은 성과라는 비전을 커뮤니케이션하고, 그 비전을 추구할 수 있는 실행 계획을 만들어라.

2 집단 토론 당신 회사에 있는 모든 직원은 비전이 어떻게 자신과 직접적으로 관련되는지 이해하는가? 때때로 비전은 너무 광범위해서 그런 큰 그림과 개인 사이에는 연결고리가 없다. 부서의 다양한 영역에 있는 사람들이 회사의 비전을 자신에게 직접적으로 영향을 미치는 임무로 변형할 수 있는 방법을 토의하라. 이제 그렇게 한 분석을 토대로 한층 더 나아가서 어떻게 하면 회사의 비전으로 각 사원에게 영향을 줄지 결정하라. 다른 사람들과 당신의 답을 공유하라.

WARREN BENNIS

제5장

신뢰하는 조직 만들기

리더는 어떻게 해야 직원의 신뢰를 얻을 수 있을까?

남의 말을 잘 들으려면 어떻게 해야 할까?

ROBERT TOWNSEND

신뢰는 리더와 부하 직원을 한데 묶어주는 것으로, 돈으로 사거나 명령으로 얻을 수 없다. 신뢰는 또한 상품을 팔고 비즈니스를 활발하게 유지하는 것이다. 그러면 신뢰감 있는 조직을 만드는 구성요소는 무엇인가? 카리스마 있는 리더일 수도 있지만, 카리스마가 별로 없는 사람이 신뢰감 있는 환경을 만드는 경우도 많다. 아마도 신뢰란 감정이입일지도 모른다. 감정이입하지 않더라도, 가까스로 훌륭한 업무 관계를 구축할 수 있는 리더는 제외하고 말이다. 하지만 신뢰감 있는 분위기를 조성하기 위한 가장 좋은 방법은 당신이 이끌고 있는 사람들에게 신뢰를 보여주는 것이다.

이 장에서는 왜 당신이 다른 사람을 신뢰해야 하는지, 또 어떻게 직원들의 신뢰를 얻을 수 있

리더는 어떻게 해야 직원의 신뢰를 얻을 수 있을까?

타운센드 | 리더는 반드시 협동적이어야 합니다. 리더가 위선자가 되어서는 안 됩니다. 그는 척할 수 없고, 연기할 수 없습니다. 거의 즉각적으로 표시나기 때문입니다.

베니스 | 사람들은 위선에 대해서는 일류 탐정 못지않습니다. 그렇지 않습니까? 어떻게 우리가 그걸 탐지할 수 있는지 정말 대단합니다.

타운센드 | 사람들에게 당신을 신뢰하라고 명령할 수는 없어요. 당신이 아랫사람들에게 지속적으로 신뢰하는 행동을 보일 때에만 신뢰가 싹틀 수 있지요. 아랫사람들이 당신의 기대치를 50퍼센트만 충족시킬지라도 말이죠. 당신은 그들이 나머지 50퍼센트를 채울 수 있다고

는지, 신뢰를 유지하기 위해 어떻게 해야 하는지를 토론한다. 당신은 왜 훌륭한 의견 수렴 능력, 조직 이해와 감정이입을 증가시키는 능력뿐만 아니라 '4C', 즉 협력(Congruity), 일관성(Consistency), 배려(Caring), 능력(Competence) 같은 요소가 신뢰감 있는 환경을 조성하는 핵심인지 보게 될 것이다. 리더와 추종자 사이의 상호작용은 '활력이 앞뒤를 왔다갔다하는 것'으로 묘사되었다. 이런 과정을 통해 일치가 이루어지고 하나의 팀이 만들어진다. 그와 비슷한 교류를 통해 신뢰도 구축될 수 있다. 궁극적으로 이런 에너지의 엄습은 끊임없는 대화를 통해 이루어질 수 있다.

– 워렌 베니스

확신해야 합니다. 제 말은 정말로 당신 자신을 설득해야 한다는 말이죠. 그들에게 의심의 눈초리를 보내면, 그들은 즉시 포착하고, 마술 같은 의사전달 시스템으로 조직 전체에 그것을 퍼뜨려서 에너지가 고갈되고 말 것입니다. 그러니까 아랫사람을 신뢰하는 일부터 시작해야 합니다. 결국 당신의 말과 행동이 같으면 신뢰를 얻을 것입니다.

신뢰감을 전혀 나타내지 않는 사람, 임원을 많이 보셨을 겁니다. 우리는 그 이유를 고찰해야 합니다. 그들이 사치품과 외부 활동에 치중해서 조직과의 접촉을 상실했기 때문일 수 있습니다. 그러나 주된 이유는, 그들이 직원들을 신뢰하지 않기 때문에 외부에서 전문가를 초빙해서 사람들에 대한 보고서를 줍니다. 그들은 외부인을 고용해서 완벽하게 유능한 직원들에게 참견하라고 한 것입니다. 외부에서 사람을 고용하는 것은 신뢰 결핍과 자신감 결핍을 나타낼지도 모릅니다.

베니스 | 첫째, 저는 신뢰가 모든 기관의 정서적 접착제라고 생각합니다. 모든 기관이 인간 공동체임을 기억하셔야 합니다. 좋은 인간 공동체는 높은 신뢰도를 기반으로 합니다.

당신의 인생과 경험에서 신뢰를 불러오고 유지하는 것은 무엇이었습니까? 당신이 전적으로 신뢰하는 사람을 생각했으면 좋겠습니다. 그 신뢰를 이루는 요소는 무엇입니까? 무엇이 신뢰감 있는 관계를 구성합니까? 이제 당신이 전적으로 불신하는 사람을 생각하고 왜 그런지 생각해 보십시오. 당신이 한 사람을 순간적으로 신뢰하다가 불신할 수도 있음은 제쳐두고 말입니다. 그런 점에 의존하지 마세요. 왜냐하면 그것은 당신에게 일어났던 일에 대한 마음속의 오래된 각본에 기초하기 때문입니다. 로버트, 당신이 말한 것처럼 신뢰는 얻어지는 것이고, 상호적인 것입니다. 순간적인 신뢰는 없습니다. 신뢰는 수많은 요소로 이루어졌고, 그 요소 가운데는 우리가 말하지 않았지만, 암시적으로나마 말했던 배려도 있습니다. 다른 사람의 운명을 진정으로 마음 쓰는 것, 그들의 편에 서는 것입니다. 저는 배려를 인간이 모여 있는 기관과 전체적인 삶에서 신뢰를 일으키고 유지하는 일반적인 범주에 집어넣고 싶군요.

제가 인터뷰한 사람 가운데 가장 재미있던 사람은 영화감독 시드니 폴락(Sydney Pollack)이었습니다. 그는 바브라 스트라이샌드와 더스틴 호프만 같은 유명한 배우가 함께 꾸준히 일할 수 있었던 이유를, 자신의 능력 때문에 얻은 성과를 그들이 알기 때문이라고 말합니다. 그들은 그가 발표한 많은 영화가 아카데미 상을 수상한 사실을 압니다. 눈부신 역량은 신뢰를 일으키는 데 정말로 중요합니다.

대부분의 사람은 유머 감각이 있고, 정직하다라고 말했죠. 그렇지만 그것은 협동과 아무런 관련이 없습니다. 직원들에게 신뢰를 받는 상사가 무자비할지라도 협력적인 사람이기만 하면 신뢰를 야기할 수 있기 때문입니다. 즉 그들의 목표가 속마음을 조화시키고, 그들이 말하는 것을 조화시킵니다. 제 생각엔 이것이 바로 우리가 협력을 통해 말하려 했던 것 같네요.

제가 버트 나누스(Burt Nanus)와 공동 집필한 『워렌 베니스의 리더와 리더십(Leaders)』에서 언급한 리더 90명 가운데 4명이 〈포춘〉이 선정한 '미국에서 가장 무섭고 힘든 상사'의 10위권에 들었습니다. 거기에는 잭 웰치, 〈에보니〉 잡지 사장인 존 존슨, 인텔의 앤드루 그로브가 포함되어 있었습니다. 그렇지만 사람들이 무서워하는 이런 사람과 관련해서 흥미로운 점은 제가 아는 사례를 통해 볼 때, 협력적이라는 이유로 아주 높은 신뢰를 받는 사람들이었다는 것입니다. 그들의 비전, 감정, 말, 행동은 조화를 이룹니다.

타운센드 | 저는 좋은 의견 수렴 과정을 지나치게 고통스러운 작업이라고 간주했습니다. 지배층은 어찌됐든 일주일에 80시간을 일하면서 대부분의 시간에 직원들이 무슨 말을 하게 될지 알고, 무슨 말을 하게 될지 안다고 생각하며, 될 수 있는 대로 빨리 직원들의 의견을 수렴하고 나서 다른 일을 진척시키고 싶어하기 때문입니다. 하지만 그건 잘못된 거죠.

직원들이 하는 이야기가 이 세상에서 가장 중요한 것인 양 끈기 있게 들어야 합니다. 당신은 당신이 마음을 바꾸도록 애쓰고 설득하는 사람의 말에 귀를 기울여야 하기 때문입니다.

조직을 활기 있고, 신바람 나며, 창의적인 분위기로 만들고 싶으면, 모든 문제에 대해 사람들의 말을 듣는 것이 중요합니다. 그런 다음에 당신이 반응하고 싶은 대로 반응하는 겁니다. 이렇게 말할 수도 있겠죠. "저기, 당신이 무슨 말을 하는지 알겠지만, 당신이 원하는 것을 하지 못하겠습니다"라거나 "나중에 다시 오세요. 지금은 시기가 적절하지 않네요."

베니스 | 그 반대는 어떨까요? 어떤 식으로 결정했을 때 "그래요. 이봐요, 그건 제가 생각도 못해본 거네요."

타운센드 | "정말 기뻐요. 아주 훌륭한 아이디어네요. 그 아이디어를 생각도 못한 저는 바보입니다." 대부분의 조직에서 사람들은 아무도 자신의 말에 귀를 기울이지 않고, 신경을 써주지도 않는다고 생각합니다. 그래서 당신이 좋은 아이디어를 인정하고 칭찬하면, 조직에서 그러한 인식을 제거하는 데 도움이 됩니다.

대화의 시작 리더는 어떻게 해야 직원의 신뢰를 얻을 수 있을까?

1 경영 평가 당신의 회사에서 리더의 지위에 있는 사람의 협력, 일관성, 배려, 능력을 평가하라. 그들이나 당신이 부족한 분야를 열거하라. 이제 당신 회사의 직원들이 보여주는 신뢰나 헌신 수준을 평가하라. 4C와 회사 전체의 신뢰 수준의 연관관계가 보이는가?

2 집단 토론 동료와 함께 한 부서에서 신뢰를 조성하는 데 들어가는 요소를 토론하라. 당신은 베니스와 타운센드의 말에 동의하는가? 아니면 그들이 고찰하지 않은 다른 요인이 있는가? 경영자나 당신이 관리하는 어떤 사람의 신뢰를 끌어들일 수 있었던 사례를 연결시키고, 당신이 사용했던 기술을 가능한 한 구체적으로 말하라. 당신은 함께 일했던 사람의 신뢰를 잃은 적이 있는가? 무슨 일이 일어났고, 그 경험에서 무엇을 배웠는가?

남의 말을 잘 들으려면 어떻게 해야 할까?

베니스 | 제 생각엔 두 가지가 결정적인 것 같습니다. 당신이 정말로 듣기로 결심하면 반드시 결과가 있을 것입니다. 왜냐하면 당신이 변해야 한다는 것이니까요. 변해야 한다는 것은 화난 듯한 느낌을 주기도 하기 때문에, 어떤 면에서는 상처를 주기 쉬울 수도 있습니다. 명령과 제어 유형의 리더가 근심하는 부분이 바로 이런 점이라고 생각합니다. 또 진지하게 경청하는 행동이 정말 중요합니다. 로버트, 당신은 그 의견에 동의하지 않지요. 하지만 저는 그게 무엇보다 중요하다고 생각합니다. 제가 사람들의 말을 경청할 때, 그들이 마음속으로 '뭐, 최소한 내 말을 이해는 하네' 라고 생각하는 것에서 멀어질 때가 가끔 있다고 생각했기 때문입니다. 그렇지만 저는 정말로 이따금씩 사람들이 변화까지는 바라지도 않는다고 생각했습니다. 사람들은 그냥 자기 말을 누가 들어주고, 이해하기를 원합니다. 그게 바로 핵심이죠. 그리고 가식적으로 하면 안 됩니다. 웃음 지으며 이해한 것처럼

행동하면 안 돼요. 그 사람이 당신에게 하는 말에 마음에서 우러나오는 관심을 보여야 합니다.

타운센드 | 조직에서 이해를 촉진시킬 방법이 하나 생각났어요, 워렌. 에이비스가 마침내 흑자로 진입했을 때, 경영진은 '우리' 대 '그들'이라는 심각한 상황을 만들어냈습니다. '우리'는 본사에 있는 천재들이고, '그들'은 현장에서 자동차를 임대하고, 우리에게 임금을 지급하고, 힘든 일을 엄청나게 많이 하는 빨간 재킷을 입은 사람들이었습니다. 저는 출장 나갔을 때 이런 사실을 알았고, 걱정됐지만 이 문제를 어떻게 해결해야 할지 몰랐습니다.

마침내 어느 월요일 아침 회의에서 저는 "어쨌든 우리는 오헤어 필드에 있는 렌트 업체를 위하여 에이비스 학교에 참가할 겁니다"라고 했습니다. 바쁘신 임원 천재들의 분노의 함성이 크게 터져나왔습니다. 저는 "들어보세요. 반드시 그렇게 하라는 말은 아닙니다. 그렇게 하라고 명령하는 것도 아닙니다. 제가 여러분께 말씀드리고 싶은 것은 합격점을 따고 그 과정을 마칠 때까지, 여러분은 성과급 대상에서 제외된다는 겁니다"라고 했습니다. 그리고 농담이 아님을 입증하기 위해서 "저는 다음 주에 참여합니다"라고 했습니다.

그래서 우리는 모두 그 과정에 참여했는데, 정말 죽음 같은 교육과정이었습니다. 우리는 모텔에 머물렀습니다. 교실이 한 개 있었는데 오후에는 수업에 출석하고, 매일 저녁에는 시험을 보았으며, 밤에는 과제를 했고, 매일 아침에는 훈련생이라고 써 있는 배지를 달고 자동차를 임대했습니다. 어느 날 아침, 저는 오헤어에서 자동차를 임대하고 있었는데 한 고객이 계산대로 왔습니다. 저는 열쇠를 정돈하고,

자동차 관리 카드를 정리하고, 신용카드로 계산을 하고, 줄 서 있는 다른 사람들이 경쟁업체로 건너갈까 봐 웃어주느라 시간이 좀 걸렸습니다. 그는 "좀 서둘러 주시겠습니까? 제가 좀 급하거든요" 했습니다.

저는 "한번만 봐주세요! 저는 훈련생이거든요!" 했죠.

"도대체 당신처럼 어설프고 무식한 사람이 어떻게 훈련 과정을 통과할 수 있는지 말씀해 주시겠습니까?"라고 그가 말했습니다.

그래서 저는 "음, 당신이 정말로 기분 나쁜 이야기를 듣고 싶어한다면 말씀드리지요. 제가 이 회사의 사장입니다."

그가 저를 완전히 용서한 뒤에 "이봐요, 적어도 당신은 일이 어떻게 돌아가는지 이해하려고 여기 나와 있잖아요. 우리 사장은 절대로 자기 사무실을 떠나지 않아요!"라고 하더군요.

저희는 교육과정을 마치고 나서 본사에서 빨간 재킷을 입었습니다. '우리'와 '그들'의 이야기는 지나간 일이 되었습니다. 저희는 우리 직원과 그들이 하는 일을 매우 자랑스러워했습니다. 그리고 또 저희가 그들에게 불가능한 일을 요구했음을 깨달았습니다. 그런 생각에서 나온 것이 저희의 첫 번째 자동차 렌털 컴퓨터 에이비스 마법사였고, 그것은 계산대에서 버튼 한 개만 누르면 렌털 승인을 처리하는 기계였습니다.

베니스 | 방금 하신 말씀에 설명을 좀 덧붙이자면, 그 경험의 상징적인 가치는 아무리 높이 평가해도 모자랍니다. 그 노력의 결과나 반향으로 그 회사에 떠도는 이야기, 즉 꼭대기에 있는 모든 사람이 정말 직원들이 겪는 경험을 직접 했다는 이야기는 굉장히 멋졌음이 틀림없

습니다. 단순히 의견을 듣는 게 아니라 행동을 통해서 감정이입에 입각해 접근하는 것은 틀림없이 가장 효과적인 방법입니다. 사람들은 분명히 다른 사람들이 무슨 일을 겪는지 생각했을 것이기 때문입니다. 그리고 사람들이 알고자 하는 것은 이것입니다. 경영진은 비전이나 명령을 발표하기 전에, 우리가 무엇을 하는지 이해하고 있는가?

타운센드 | 우리가 출장 가려고 카운터로 올 때 '빨간 재킷'에 대한 경영자의 태도 변화를 상상할 수 있을 겁니다. 그 카운터 뒤에는 영웅이 있고, 그 전에는 한때 임대 승인판단을 잘못했을지 모르는 직원이 있었을 것입니다. 이제 우리가 했던 것보다 그 일을 더 잘하는 사람이 있고, 신은 그녀를 돕고 보호합니다.

섬기는 리더로서의 또 다른 역할, 즉 사람들을 보호하라는 말을 들으니 한 사례가 떠오르는군요. 그건 제가 에이비스에 갓 입사해서 에이비스 소유의 라자르 프레르에서 이사회에 처음 참석했을 때 일입니다. 임원은 RCA의 CEO 데이비드 사노프 장군을 포함해서 모두 전설적인 사장 앙드레 메이어의 친한 친구였습니다. 그 장군은 모든 중요한 사람이 이사회에 처음 참여할 때 으레 그러는 것처럼 자신의 지능으로 다른 사람을 감동시키고자 애썼습니다.

그는 "타운센드 씨, 회사 · 모델명 · 소재지에 따라 모든 자동차를 컴퓨터로 출력한 인쇄물을 받아보고 싶습니다"라고 했습니다. 그리고 위대한 사노프 장군이 참석한 이사회에 처음 나간 CEO 100명 가운데 99명은 이렇게 말했겠지요. "예, 장군님. 즉각 분부대로 하겠습니다. 제가 회계부 전체와 모든 경영을 책임지고, 당신을 위해서 한 달 안에 보고서를 손으로 대량 생산하겠습니다." 아마 그랬을 거라는 얘기지요.

대신 저는 두려움 때문에 동기가 유발되었습니다. 가장 큰 이유는 라자르는 제가 주식, 채권이라는 적은 자금 밑천을 현금으로 바꿔 에이비스를 LBO(차입을 통한 기업인수)하는 데 모두 투자한다고 했기 때문이었습니다. 그 회사의 발전을 가로막는 것처럼 보이는 행동에 대해 제가 '단호한' 태도를 취할 필요성이 있었습니다. 그래서 두려움은 제게 용기를 주었습니다.

저는 장군에게 이렇게 말했습니다. "외람되오나, 제가 회사를 경영하는 데 그런 보고서가 필요하지 않은데, 왜 장군님이 사외이사가 되기 위해 그것이 필요한지 모르겠군요." 그의 얼굴은 홍당무처럼 빨개졌습니다. 그러고 그는 침을 튀기며 말했지만, 보고서를 얻지는 못했습니다. 우리 회계부 직원과 경영부 직원은 다시 말할 수 있었고, 저는 그들에게 한 달치의 어리석은 일을 덜어주었습니다.

사람들은 경영에 대한 생각을 바꿨습니다. '여기엔 뭔가 새로운 것이 있구나' 라고 생각했습니다. '독특한 사람이 있고, 시도해볼 만한 다른 가치가 있겠구나.' 이러한 사람은 리더를 몇 명 겪으면서 한번도 수익을 내지 못해 마치 낙오자가 된 듯한 느낌을 받았던 사람이었습니다. 적어도 그 사람들은 뭔가 새로운 게 있나 없나 보려고 고개를 조금이라도 내밀었습니다. 저는 그들의 주목을 받고 신뢰를 얻었습니다.

하지만 명심해야 할 건, 당신이 사람들의 신뢰를 얻기 시작할 때 월요일에만 조금 해보고, 그 다음에 화 · 수 · 목요일에는 등 돌리고, 주말 직전인 금요일에만 다시 조금 해보고서 신뢰를 돌려받길 기대해서는 안 된다는 겁니다.

끊임없이 신뢰를 얻어야 합니다. 그게 바로 자신을 알고 무엇을 할 수 있는지 알고 자신에게 충실해야 하는 이유입니다. 일관성을 유지하고 당신이 얻은 신뢰를 감사하게 받으세요.

베니스 | 특히 급속히 변하는 오늘날 그런 신뢰를 얻기란 매우 힘듭니다. 제가 당신께 말씀드리고 싶은 사례는 베이스(the Base)의 직원들이 미국국제의료기(American Medical International)의 지분을 5퍼센트 매수한 뒤의 일입니다. AMI를 팔지 않겠다고 직원들을 안심시킨 사람은 회장과 CEO였습니다. 직원들은 베이스의 직원들이 또 지분을 5퍼센트 매입한 사실을 신문에서 보았습니다. 그 회장과 CEO는 회사를 매각하고 싶은 생각이 없다고 다시 말했습니다. CEO와 회장의 기대에도 불구하고 그 회사의 경영자는 주식을 아주 조금 매수할 수 있었습니다. 이 사례에서 AMI의 리더십은 진실을 말했지만, 나중에 그 회사는, 뭐, 매입되었습니다.

타운센드 | 음, 그 이야기에 추가할 게 있는데요. 제가 보기엔 그게 좋은 면을 강조하는 것 같지는 않군요. 제가 전에 말한 것처럼, 제가 에이비스에 있었을 때는 라자르 프레르가 에이비스를 소유하고 있었습니다. 라자르 프레르는 에이비스 지분의 51퍼센트를 소유하고 있었습니다. 어쨌든, 한번은 라자르 프레르가 모빌의 CEO를 만나기 위해 저를 데리고 안드레 마이어의 사무실로 갔습니다. 저는 제가 참석하려는 회의에서 회사의 소유주가 될지도 모르는 사람을 만날 것이라는 얘기를 들었습니다. 우리는 그때 해마다 수익이 35퍼센트씩 증가했고, 가장 많이 입에 오르내리는 성장주였습니다. 제가 보기엔 그랬습

니다. 저는 모빌의 CEO에게 "한 4년쯤 기다려보고 우리가 당신 회사를 매입하는 것은 어떨까요?"라고 했습니다. 터무니없는 말이었지만, 저를 직원으로 고용하면 안 된다는 사실을 아주 분명히 했고, 회사 매입은 물 건너갔습니다. 제가 안드레에게 "이 회사 매입자가 될지도 모르는 사람들과 당신의 대화에 끼어들고 싶지 않습니다. 저는 직원들에게 정직하게 말하고 싶습니다. 저는 이 대화를 모르는 겁니다. 이제 가서 회사를 파세요. 하지만 그런 다음에 제게 말하세요. 그 매각에 제가 동의하지 않음을 알아두시고요"라고 한 뒤에 말이죠.

베니스 | 신뢰에 대한 광범위한 사고방식은 예측가능성을 생각하는 것입니다. 훌륭하고 효과적인 팀은 모두 신뢰를 기반으로 합니다. 좋지 않은 날조차 그 사실을 인식하면, 안 좋은 날을 보상할 사람이 나타납니다. 프로야구 투수도 좋지 않은 날에 이기는 때도 있잖아요. 그들이 이길 수 있는 것은 그들을 후원하고 의지하는 팀이 있기 때문이지요. 축구 선수들도 정말로 신뢰하는 선수가 패스를 하면 특히 잘 받는 걸 보세요. 그 반대의 경우도 그렇고요.

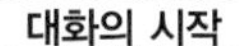

남의 말을 잘 들으려면 어떻게 해야 할까?

1 브레인스토밍 대화 당신 회사의 모든 계층은 나머지 계층이 무엇을 하는지 알고 있는가? 그들은 동료와 동료의 문제를 지지하거나 자신과 관련시키는가? 조직 전체에 이해와 공감대를 촉진하기 위한 다섯 가지 기술을 브레인스토밍하라. 이제 이런 아이디어 실행에

무엇이 필요한지 보라.

2 정의 훈련 당신이 생각하는 일관된 리더십 정의는 무엇인가? 그 정의에는 예측가능성이 포함되는가? 그 정의에는 성실성이 포함되는가? 이러한 특징이 자신을 아는 개념과 어떤 관련이 있는가? 이러한 특징은 회사 전체의 신뢰도에 어떻게 영향을 미치는가? 당신의 리더십 역할모델을 마음에 그리고, 다른 사람에게 부하 직원을 지속적으로 지지할 것임을 암시하는 그들의 특징을 정의하라.

WARREN BENNIS

제6장

권한 위양하기

진정한 리더는 권한을 어떻게 위양할까?

부하 직원에게 어떻게 권한을 위양할까?

팀워크로만 기능하는 회사를 만들려면?

ROBERT TOWNSEND

뛰어난 리더와 뛰어난 추종자는 똑같은 자질을 공유하고 있다. 사실 추종자가 갖추어야 할 가장 중요한 자질은 의견을 제시하고 진실을 말할 수 있는 능력이라 할 수 있다. 엄밀히 말하면 이는 뛰어난 리더에게도 가장 필요한 자질이다. 리더가 부하 직원들에게 자유롭게 반대의견을 제시하게 하고, 진실을 말할 수 있는 분위기를 조성할 때, 권한을 위양받은 직원이 만들어진다. 이렇게 권한을 위임받아 동기 부여된 사람은 조직을 전환할 때 절대적으로 필요한 협력자가 되어준다.

리더는 권한위양을 기초로 한 직장을 만들기 위해 노력하면 보상을 받는다. 사람들은 자신이

진정한 리더는 권한을 어떻게 위양할까?

타운센드 | 리더는 사람들이 달성할 수 있다고 생각하는 것보다 더 큰 성과를 기대하여 위양할 수 있습니다. 그것은 예정대로 달성될 것이라는 예언 같은 것이지요. 리더가 사람들이 더 많은 것을 달성할 수 있음을 진정으로 믿으면, 사람들도 자기 자신에 대해 더 많은 것을 기대할 것입니다. 리더가 기대를 하고, 그것을 말이나 메모가 아닌 행동으로 전해주면, 사람들은 놀라운 일을 해낼 수 있으며, 놀랄 만한 성과를 이끌어냅니다.

베니스 | 제 생각에 권한위양은 해야 한다거나 할 필요가 있는 일이 아닌 것 같습니다. 사람들의 잠재력을 이끌어내고 육성해야 하는 리더의 책무이자 의무라고 생각합니다.

소중하다고 느낄 때 학습과 권한이 중요함을 떠올린다. 그러면서 공동체가 하는 노력의 일부를 책임진다는 생각을 하게 되며, 마침내 자신의 일에서 자극을 받고 도전의식을 갖게 된다. 사람들에게 진실을 말할 수 있게 자유를 주는 것은 비판을 준비해야 함을 의미하기도 한다. 그러면 워렌 베니스의 말처럼, 사람들이 실수를 인정하고 당신에게 도움을 요청하는 상황도 기대할 수 있다.

– 로버트 타운센드

타운센드 | 리더가 복도를 지나가다가 "이봐, 찰리, 일은 잘 돼가나?" 하고 물었다면, 찰리가 대답하기 전까지 움직이지 말아야 합니다. 그는 정말로 찰리를 보고 있어야 하며, 찰리가 어떻게 말하는지 들어야 합니다. 그가 진정한 리더라면 "나는 자네가 좀더 의욕적이길 바라고 회사에 좀더 일찍 출근하여 늦게까지 일하면서 활기차게 일해주길 바라네!"라는 메모를 찰리에게 보내지는 않을 겁니다. 이건 리더십이 아닙니다. 진정한 리더는 찰리에게 일이 어떻게 진행되는지 묻고, 대답을 신중히 들을 겁니다.

저는 톰 피터스(Tom Peters)의 뉴스레터를 받은 적이 있습니다. 거기엔 깜짝 퀴즈가 있었죠. 제가 22년 전에 방문했던 도넬리 사가 직원들에게 물었던 내용을 문제로 보내왔더군요. 그 회사는 모든 자동차 회사에 백미러를 납품하고 있었습니다. 그 일이 얼마나 경쟁이 치열한지는 상상이 될 겁니다. 그리고 도넬리는 회사가 추진한 설문조사

결과를 믿었습니다. 제가 에이비스에 있을 때 이 문제를 알게 되었다면, 돌아다니면서 물어보았을 텐데 말입니다.

다음 질문에 대답하기는 어렵지 않을 겁니다. 당신은 먼저 사람들에게 "오늘 무엇 때문에 짜증이 나셨습니까?"라고 물어보세요. 아주 훌륭한 질문이잖아요. 이 질문은 두 가지 결과를 가져옵니다. 첫째, 조직에 어떤 문제가 있는지 밝혀주고, 둘째 당신의 질문을 받은 사람에게 당신이 관심이 있음을 말해줍니다.

그런 다음에 다음과 같은 평가용 질문을 물어보세요. "너무 오래 걸린 일은 무엇입니까?" "오늘 불만이 있었다면 그 이유가 무엇입니까?" "오늘 오해받은 일은 무엇입니까?" "노력이 너무 많이 필요한 일은 무엇입니까?" "무엇이 낭비되었습니까?" "너무 복잡한 일은 무엇입니까?" "어리석었던 일은 무엇입니까?" "너무 많은 사람을 필요로 하는 일은 무엇이고 너무 많은 활동을 수반하는 일은 무엇입니까?"

한 사람에게 이 모든 질문을 다 할 필요는 없습니다. 하지만 사무실 앞을 지나가는 누군가에게 하나를 질문해 볼 수 있고, 또 다른 누군가에게 질문을 하나 할 수 있을 겁니다. 단지 사람들이 하는 일에 당신이 관심을 갖고 있다는 걸 전할 수 있으면 상관없습니다. 이는 리더십의 한 부분이죠.

결과적으로 사람들은 자신이 중요한 사람임을 느낄 것입니다. 그러나 "당신은 매우 중요한 사람이에요. 감사합니다!"라는 메모지는 보내지 마세요.

베니스 | 좀더 구체적인 것 중에 리더가 도와줄 수 없는 게 있으면, 리더가 좋아하든 말든 역할모델이 되어주는 것입니다. 우리는 날마다

리더십을 가르칠 뿐 아니라, 상사나 부하 직원과 상호작용합니다. 우리는 다른 사람들의 역할모델이 되어주고, 실제로 그것을 모방하게 할 수 있습니다. 사람들은 대부분 조직에서 관찰을 통해서 학습합니다. 그들은 성공의 정의를 보길 기대합니다. 즉 출세나 실패가 구체화된 상황을 보길 기대하지요. 제 생각에 그런 사람은 대부분 눈과 귀를 활용하는 것 같습니다. 위대한 인도주의자 알버트 슈바이처가 자녀 양육에 관한 조언을 부탁받았습니다. 슈바이처는 "제게는 기본규칙이라고 할 세 가지 원칙이 있습니다. 첫째는 본보기를 보여야 가르칠 수 있다는 것이고, 둘째도 본보기, 셋째도 본보기를 보여야 한다는 것입니다!"라고 했습니다. 결국 당신이 좋아하건 싫어하건 당신은 리더십 능력 성장을 돕거나 방해하는 비즈니스를 하고 있는 겁니다.

저는 코치 역할을 좋아합니다. 코칭이 저의 흥미를 돋우는 이유는 우리가 코치에게 다가갈 때 지나치게 부정하거나 방어하지 않는다는 것이죠. 그래서 우리는 약점이 무엇인지 진정으로 코치에게 말할 수 있습니다. 좀더 향상되려고 코치를 찾아갔기 때문이지요. 하지만 저는 코치에게 가서 할 수 있는 일이 두세 가지쯤 있다고 생각합니다. 그런데 당신이 언급한 높은 기대치 설정에 대해 드릴 말씀이 있습니다. 사람들에게 진실을 말할 자유를 주고, 중요한 게 무엇인지 일깨워주고 난 뒤에 기대하십시오. 다시 말하지만 이것 역시 역할모델이 되어야만 가능하다고 생각합니다.

뛰어난 리더는 개인의 가능성을 끌어올리는 탁월한 감각이 있는데, 이는 리더십 성장에서 절대적으로 중요합니다. 낙관주의와 희망 같은 것도 학습할 수 있습니다. 리더십 성장에 관심을 기울이는 상사와 함께 일하면서 성공적인 경험을 하면, 당신은 낙관주의와 희망을 배울 수 있습니다.

저는 2년 전에 토론에 참가하여 낙관주의와 희망에 관해 이야기했습니다. 저와 함께 토론한 사람은 리처드 워슬린(Richard Wirthlin)이었습니다. 그는 잘 알려진 사람은 아닌 듯하더군요. 워슬린은 여론조사 회사를 운영하고 있었고, 레이건 대통령을 위해 7년 동안 여론조사원으로 일했더군요. 그가 말했습니다.

"당신이 말하는 낙관주의와 희망에 관한 한 레이건은 아주 훌륭한 본보기가 될 것입니다. 1982년도 여름을 떠올려 보지요. 당시 우리는 불경기에서 헤어나오지 못하는 상황이었고, 그의 지지율은 32퍼센트에 머물렀어요. 그 수치는 여론조사 실시 이래 임기 2년차 지지율로는 가장 낮았습니다. 그런데 1981년 3월의 마지막 날, 레이건 암살 기도가 있었습니다. 이틀 뒤 여론조사에서 레이건의 지지율은 85퍼센트까지 치솟았습니다. 그래서 제가 물었죠. '대통령님, 지지율이 32퍼센트까지 떨어져 바닥을 치고 있습니다.' 그러자 레이건이 말했습니다. '바닥을 친다는 게 무슨 뜻이죠?' 제가 '역대 대통령의 지지율 여론조사를 실시한 이래 가장 낮은 수치입니다!' 라고 했죠. 그러자 그가 '오…' 하면서 웃더군요. 그러더니 잠시 후 말을 꺼냈습니다. '이봐요! 제발 걱정은 그만두세요. 한 번 더 총을 맞으면 될 거 아니오!' "

이제는 그게 농담이다 뭐다 말할 수 있게 되었지만, 거기에는 희망과 낙관주의, 높은 기대치 설정이라는 감각이 있었다고 생각합니다. 레이건은 국가 차원의 희망과 낙관주의를 갖고 있었던 거지요. 지미 카터 하면 사람들은 대부분 흥미롭지만 우울한 그의 연설을 떠올립니다. 카터는 에너지 위기에 관하여 연설했기 때문에 내용은 오히려 흥미로웠습니다. 그러나 희망이 아닌 절망에 관한 이야기였기 때문에 연설이 우울했던 것입니다. 절망은 대체수단이 없고 다른 선택이 없음을 의미합니다. 희망은 언제나 선택지를 제공하고, 항상 '그래! 우린 할 수 있어!' 라는 자신감을 부여합니다. 그게 바로 리더가 행동으로 말하고, 구체화하고, 표현해야 하는 이유입니다.

타운센드 | 낙관주의는 충분히 언급된 적이 없지만 아주 중요한 조직의 즐거움과 관련이 있습니다. 왜 일이 재미있어야 하는지는 이유가 없습니다. 일이 결코 재미있는 것은 아니겠지만 이는 리더의 잘못이라는 게 제 생각입니다. 일에 너무 진지하게 임하기엔 인생이 너무 짧습니다. 그러나 실패와 실수를 되돌아보고 웃을 수 있는 시간은 반드시 필요하다고 생각합니다.

제가 아메리칸 익스프레스의 투자부에 있을 때가 생각나는군요. 저와 함께 일한 사람이 아주 괴로운 사건을 겪고 나서 저에게 묻더군요. "이봐요. 타운센드! 당신은 위기가 고조될수록 얼굴이 더 밝아지니 웃긴 사람이라는 생각이 드네요. 이해할 수 없어요!" 그래서 제가 말했죠. "저도 이해할 수 없지만, 모든 것이 웃긴 것 같아서 그렇습니다."

우리는 퇴보나 역행을 너무 진지하게 생각하는 경향이 있습니다. 그러나 1902~1905년까지 영국의 수상이던 아서 밸푸어(Arthur Balfour)의 말을 인용해 보지요. "크게 문제되는 건 거의 없고, 전혀 문제가 안 되는 것도 거의 없다."

당신이 멘토를 갖고 있다면 멘토를 제외한 누구에게도 당신의 계획을 말할 필요가 없습니다. 상사에게 의논해도 안 되고, 부하 직원과 의논해서는 더욱 안 됩니다. 당신은 읽거나 본 것을 통해 다르게 행동하고, 다르게 일하고, 사람들과 다르게 교류하는 데 적합한 계획을 수립해야 합니다.

예를 들어 당신은 사람들을 자유롭게 해줄 수는 있습니다. 누군가 당신에게 다가와 "우리는 아직도 이 프로젝트를 완수하지 못하고 있습니다. 그걸 완수할 수 없다는 게 바보처럼 느껴집니다"라고 하면, 당신은 이렇게 말해야 합니다. "좀더 노력해 보세요. 당신이 잘못 하면 비난은 제가 받을 것이며, 잘되면 칭찬은 당신이 받아가세요! 하지만 제가 등에 칼을 맞기 전까지는 알 수 있게 해주세요!" 그 사람이 노력해 보고 실패할 수도 성공할 수도 있겠지만, 조직은 갑자기 당신을 바라보며 노력할 것입니다. 물론 당신은 약간의 위험도 부담하는 거지요. 제가 '약간의 위험'이라고 한 것은 아무도 변화를 좋아하지 않을 뿐 아니라, 어느 누구도 이단자가 되고 싶어하지 않기 때문이지요. 또 당신은 상사들에게 비난을 받을지도 모릅니다.

하지만 폭풍우를 이겨내고, 역경에 유연하게 대처하며, 사람들을 보호하고, 당신이 하는 일을 즐긴다고 생각해 보세요. 그러면 당신의 조직은 큰 즐거움을 누릴 것이며, 활기가 넘치고 성과는 눈에 띄게 오를 것입니다.

베니스 | 제가 사업가들에게 처음 강의한 것은 슬로언 스쿨(Sloan School: MIT의 MBA 과정)에서 학생을 가르치기 시작했을 때였죠. 저의 멘토이자 경영이론의 인도주의적 영역이라는 분야의 위대한 리더인 더글러스 맥그리거도 첫 강의를 듣고 있었습니다. 이 사람들이 바로 30대 중반의 내 슬로언 제자들입니다. 저는 당시 30대 초반이었는데

제 강의는 완전히 뒤죽박죽이었습니다. 그 강의를 표현할 만한 적절한 단어를 찾지 못하겠군요. 강의는 완전히 앞뒤가 맞지 않았고 대실패로 끝이 났습니다. 더글러스와 함께 엘리베이터를 탔는데 그는 한마디도 하지 않았죠. 저 또한 한마디도 하지 않았습니다. 우리 둘이 그의 사무실에 도착했을 때 그를 보며 겨우 말을 꺼냈습니다. "상당히 어설프지 않았어요?" 그러나 그는 이렇게 말했습니다. "네. 그에 관해 이야기해 봅시다." 그리고 우리는 강의에 대해 얘기했지만, 그는 저를 나무라지 않았습니다. 그는 단지 제가 겪는 일에 크게 공감해 주었습니다.

최선을 다해 일을 해주고 싶은 상사 앞에서 그런 실수를 했다면 어떤 생각이 들지 상상할 수 있을 겁니다. 최악이겠죠. 그러나 그의 반응은 너무 이상했습니다. 나의 실패를 전혀 부정하지 않았을 뿐 아니라 조금 웃기까지 했죠. 그는 결코 나를 얕보거나 놀리지도 않았으며 놀라운 이해심을 보여주었죠. 그렇기 때문에 그를 결코 잊을 수 없으며 그를 본받으려고 항상 노력하는 것입니다.

타운센드 | 그가 한 일은 당신의 실수나 실패를 당신이 인정하도록 촉진한 거였군요!

베니스 | 바로 그렇습니다.

타운센드 | 웃으면서 "그에 관해 이야기해 봅시다"라고 하면서 말이죠.

1 '만약에' 토론 당신의 부하 직원에게 성공과 실패를 경험할 수 있게 권한을 준다면 어떻게 될까? 당신이 성공이나 실패를 경험할 수 있게 권한을 부여받는다면 어떻게 될까? 그런 일이 당신의 조직에서 행해지고 있다면, 직원들에게 권한을 위양하는 데 도움이 되는가? 아니면 그들을 위협하는 것이 될까? 당신이나 직원들이 실수하면 그것이 회사를 망하게 할까? 아니면 더욱 열심히 노력하게 동기를 부여할까?

2 집단 토의 당신이 부하 직원들에게 권한을 위양하기 위해 활용하는 기술은 무엇인가? 부하 직원들에게 권한을 위양하는 방법에 변화를 주는 게 전적으로 당신에게 달려 있다고 하자. 그러면 당신은 (1) 높은 기대치를 만들어낼 수 있는가. (2) 낙관주의와 희망을 제공할 수 있는가. (3) 본보기를 보여 가르칠 수 있는가. (4) 일대일로 만나 자유롭게 대답할 수 있는 질문을 던질 수 있는가. (5) 사람들을 자유롭게 하고 즐겁게 할 수 있는가. 각각의 기술이 효과적일지 효과적이지 않을지 토론하라.

부하 직원에게 어떻게 권한을 위양할까?

타운센드 | 사례를 하나 들어보겠습니다. 조직에 성공적인 어떤 리더

가 있었습니다. 그녀의 일 처리에 만족한 상사는 그녀의 책상에 일을 산더미처럼 쌓아놓았습니다. 게다가 새로운 직원 30명도 책임지게 되었습니다. 왜냐하면 그녀의 비즈니스가 3천만 달러에서 1억 달러로 확대되었고, 부하 직원도 다른 회사에 스카우트되기보다 사내에서 승진하고 싶어하기 때문이죠. 이제 그녀는 가정생활은 고사하고 피로감 때문에 걱정이 많습니다. 그녀는 어떻게 해야 할까요? 우리는 권한위양을 이야기하고 있지만, 그것은 리더십에 관한 의문이기도 합니다.

그녀가 해야 할 일은 조직의 다른 사람들에게 90일 동안 자기가 없더라도 잘 지내라고 하고, 90일 동안 새로운 30명으로 가게를 운영하는 것입니다. 그녀는 자신의 경험과 능력에 비추어 30명 집단을 이끌 리더를 쉽게 파악할 것입니다. 또 누구를 신뢰할지 알 수 있으며 비즈니스가 잘 진행될 것임을 알 겁니다. 90일이 지났을 때 그녀는 "크레이그! 이제 당신이 이 집단의 새로운 리더입니다. 저에게 보고하세요. 전 원래 위치로 돌아갈 겁니다!"라고 할 것입니다.

그러면 그녀는 일주일에 80시간씩 일하지 않아도 됩니다. 이게 바로 권한위양의 틀입니다. 그녀는 모르는 사람 30명에게 권한을 위임한 것이 아니죠. 그건 위험하고 어리석은 짓이니까요. 또한 그녀는 자신이 이해하지 못하는 비즈니스를 위임한 것도 아닙니다. 그녀는 새로운 비즈니스를 가르치는 위험을 부담했고, 신뢰하는 새로운 사람들과 관계를 만들었으며 돌아가서 평소에 했던 만큼 일을 다시 할 수 있게 되었습니다. 이게 바로 지적으로 권한을 위임하는 방법입니다.

베니스 | 권한위양이라는 쟁점에 대한 틀을 재구성해 보고 싶습니다.

그 단어가 저에게는 이상하게도 기묘하고 야비하게 들리네요. 권한위양은 마치 저를 위해 일하는 다른 사람에게 일거리를 주는 것처럼 들리거든요. 당신은 오늘날의 경영을 생각할 때 사람들로 구성된 팀을 말하는 것 같습니다. 즉 상사나 리더, 집단을 생각하는 것 같아요. 권한위양은 더욱 복잡할 수 있습니다.

문제를 다루는 저의 방식은 매우 유능한 리더들이 했던 방식을 따랐다고 생각합니다. 먼저 조직이나 집단이 해야 할 일은 기능을 목록화하는 것입니다. 또한 사람들이 하고 싶은 일도 목록화해야 합니다. 셋째로, 사람들이 잘하는 것을 목록화하는 겁니다. 그런 다음 무엇을 해야 하고, 사람들은 무엇을 하고 싶어하며, 무엇을 잘하는지 정답을 얻었다면, 높은 성과나 완전하게 권한을 위임할 팀을 갖게 될 것입니다. 이는 권한위양 쟁점에 관해 전체적인 틀을 재구성할 수 있게 합니다. 이는 기본적으로 상사에게 일을 넘겨받는 것이 아니라, 팀으로서 노력해야 하기 때문이죠. 이런 종류의 권한위양은 말처럼 쉽지 않습니다. 그러나 리더가 권장할 수 있는 팀의 노력에까지 권한위양 개념은 확대되어야 합니다.

이 쟁점에 관한 좋은 사례는 퍼시픽 벨이 1984년에 겪은 문제가 될 듯하군요. 이 회사는 마케팅을 위한 조건이 정리되지 않은 상태에서, 캘리포니아에서 행할 두 행사를 위해 두 그룹에게 전화 시스템과 통신 시스템을 설치하게 했습니다. 두 행사란 LA에서 개최된 민주당 전당 대회와 올림픽이었습니다.

두 팀은 임시로 조직된 팀이었을 것입니다. 각 부서에서 사람을 뽑아 팀을 조직했기 때문이죠. 두 팀은 아주 훌륭했습니다. 그들은 고객 욕구를 충족시켰고, 돈을 벌었으며, 일을 즐겼습니다. 문제는 어떻게 하면 급조된 그 팀의 방식을 사내에 도입하여 문화로 정착시키고 활성화할 수 있느냐였습니다. 사실 그들은 사내에서 따분하고 지루한 일상을 보냈습니다. 그런데 갑자기 그들만의 팀을 만들 기회가 주어졌고, 스스로 돈을 벌어야 했던 거죠. 그러니 그들이 얼마나 훌륭하게 해냈겠어요.

타운센드 | 그리고 그 팀에는 팀 존속 기한이 있었죠. 그렇죠? 퍼시픽 벨은 위기를 만들어낸 것이었고요…! 사람들은 위기에서 실패하거나 성공할 수 있기 때문에 더 즐겁게 일했던 겁니다. 그 팀은 성공하고 싶었고, 성공을 위해 일주일에 80시간을 일하기도 했지요. 게다가 그들은 일을 즐기고 있다는 사실까지 깨달았죠.

저는 동료를 경쟁 위치에 놓는 걸 반대합니다. '적자생존' 이라고들 하지요. 저는 그걸 믿지 않아요. 사람들이 서로 협력하고, 힘닿는 대로 돕는 환경을 만들어야 합니다. 저는 회사를 그만두기 1년 전에 후임자를 발표하는 잘못을 범한 적이 있었습니다. 그런데 그 해가 가기도 전에 사람들이 내 후임자를 만신창이로 만들더군요. 그들은 내 후임자가 자격이 있다고 생각하던 사람들이었습니다. 후임 예정자는 자신의 임무를 맡기도 전에 회사를 떠났지요. 저는 정말로 조직에서 개인 사이에 경쟁을 붙여 활력을 모색한다는 말을 믿을 수 없습니다.

팀은 약간 다르게 생각합니다. 팀 사이의 일정한 경쟁은 유익합니다. 하지만 '그게 파괴적일지 아니면 건설적일지' 판단해야 합니다. 정답이 나오면 실행하는 거지요.

베니스 | 저는 개방성 권장이 중요하다고 생각합니다. 제가 일했던 회

사가 흥미로운 사례가 될 것 같군요. 또한 지금 당신이 언급한 내용에 살을 덧붙일 수 있을 것 같군요. 이 회사의 좌우명은 팀워크와 관련 있었습니다. 그게 첫 번째 가치였습니다. 두 번째는 이의를 제기해서는 안 되었죠. 자, 생각해 봅시다. 이의를 제기하지 않고 어떻게 진정한 창의력을 발휘할 수 있고 근면한 팀을 얻을 수 있겠어요? 이는 팀워크가 없는 팀을 의미하기도 합니다. 우리는 이의를 제기할 수 있어야 하고, 갈등을 다룰 수 있어야 하며, 사람들의 의도를 표면화할 수 있어야 합니다.

팀워크는 파괴적일 수 있기 때문에 균형을 유지하기 위해 리더십이 필요해지는 것입니다. 차이가 없는 팀은 없습니다. 서로 소중히 여기고, 그 차이 속에서 일을 하며, 서로 존중하면, 정말로 뛰어난 팀워크를 이룰 수 있습니다. 저는 팀에서 창조적이고 유익한 이의를 제기하고 갈등을 표출하는 것이 진정으로 생산적인 방법이라고 생각합니다.

대화의 시작 | 부하 직원에게 어떻게 권한을 위양할까?

1 집단 토의 당신 회사의 경영자에게는 수익을 올리기 위한 혁명적인 새로운 방식을 제안하고, 사람들을 가장 뛰어나고 생산적인 방식으로 조직할 수 있는 기회가 있다. 그러나 사람들은 자신이 부담하게 될 책임에 지식이 전혀 없다는 함정이 있다. 경영자가 이들에게 권한을 위임하면 이들은 무엇을 얻고 무엇을 잃을지 토론하라. 또 경영자가 팀 방식으로 일하게 했을 때의 득실도 논의해 본다.

2 듣기 연습 당신 조직의 구성원은 자유롭게 이의를 제기할 수 있는가? 어떤 사람이 건설적인 이견을 제시했을 때, 당신의 조직이 그의 의견을 들어주는 세 가지 방법을 열거하라. 당신이 세 가지 방법을 생각할 수 없으면, 조직을 재평가해야 할 필요가 있다. 또 당신 조직의 구성원은 실수에 대해 구애를 받는가? 그들에게 실수할 수 있는 자유가 얼마나 부여되었는가? 사람들이 더욱 자유롭게 생각을 표현하고 그것을 추구할 수 있게 하는 방법을 세 가지만 열거하라.

팀워크로만 기능하는 회사를 만들려면?

타운센드 | 고어(W. L. Gore and Associates)는 팀워크를 권장하는 회사와 관련하여 다소 기묘한 사례라 할 수 있습니다. 이 회사가 더욱 기묘하게 느껴지는 것은 제가 아는 어느 누구도 이 회사를 모델로 삼지 않았다는 겁니다. 이 회사는 사업을 시작한 지 약 30년이 된 회사입니다. 그리고 직원이 5천 명 있는데, 미국을 포함하여 9개국에 공장을 43개 두고 있습니다. 계급이 없으니 부사장도 없고 경영자도 없습니다. 모든 사람이 동의하는 목표를 향해 움직일 뿐입니다. 이 조직에서 일하는 어떤 사람이 제게 "저희가 이곳에서 하는 일은 즐기면서 돈을 버는 것이죠. 저희에게는 제재 사항이 거의 없습니다. 제재 사항이라면, 모두 공평해지기 위해 뜻을 모아야 한다는 것이죠. 동료에게 공평하고, 제조업자에게 공평하고, 고객에게 공평한 태도를 유지해야 합니다. 또한 저희는 약속이 신성함을 중시합니다. 그래서 저희는 약속을 어겨서는 안 됩니다!"라고 했습니다. 이 회사에는 부사장이나 경

영자가 없으므로 명령이 없는 구조에서 자기 자신과의 약속을 기반으로 운영됩니다.

이 회사는 다음과 같은 원칙 아래 운영됩니다. 즉 무언가 시도하고 실패하는 것이죠. 그렇기 때문에 직원들은 새로운 일을 시작하기 전에 자기 자신에게 다음과 같은 질문을 하고 '네' 라고 대답할 수 있으면, 굳이 다른 사람의 허락을 구할 필요가 없습니다. 첫 번째 질문은 "이 일이 잘 되면 회사에도 가치가 있을까요?" 두 번째 질문은 "이 일이 극적으로 실패하면 회사가 살아남을까요?" 어떤 직원이 이 두 질문에 긍정적인 대답을 할 수 있으면, 그는 다른 사람의 허락을 받지 않고서도 곧바로 일을 진행할 수 있습니다. 이게 바로 직원을 제재하는 최소한의 요소입니다.

네 개 사업부는 비전과 목표의 결과로서 너무 많은 성과를 올리고 있어서, 귀찮은 나머지 더는 성과를 평가하지도 않습니다. 직원이 해야 할 일은 돈이 되는 상품 또는 생산하면서 즐거움을 느낄 수 있는 상품에 관한 비전을 갖는 것, 너무 매력적이어서 다른 동료를 불러들여 함께 일할 수 있는 비전을 갖는 것입니다. 만약 그렇게 할 수 없을 경우에는 어떤 프로젝트를 혼자서도 추진할 수 있습니다. 고어의 운영의 본질은 창업자인 빌 고어가 듀퐁에서 일했던 경력까지 거슬러 올라갑니다. 그는 그곳에서 오랫동안 과학자로서 편하게 일했지만, 어떤 프로젝트를 진행하면서 과학자로서의 일과 프로젝트 추진 사이의 차이를 알게 되었습니다.

그가 테플론 프로젝트에 참여했을 때였죠. 사람들이 미친 듯이 일하고 아침에 일어나서 일하러 올 때까지를 기다리지 못할 정도로 신이 나 있는 것이었어요. 프로젝트가 종료되자 다시 9시 출근, 5시 퇴

근이라는 일상으로 돌아갔습니다. 그는 테플론 프로젝트와 과학자의 일에 어떤 차이가 있는지 설명할 수 없었습니다. 얼마나 활력이 없고 얼마나 흥미가 없는지 말입니다. 그래서 고어 사의 전체적인 운영방식은 그 프로젝트에 참여했던 사람들의 활력과 창의력을 유지할 수 있게 구성된 것입니다. 고어에서는 비전이 모든 방면으로 향합니다. 독특한 방식이긴 하지만, 일종의 활력, 창의력, 활기를 만들어내기 위해 노력하는 일반 회사는 생각해 보아야 할 모델입니다.

고어 사의 원칙을 적용하여 설립하지는 않았지만 비슷한 방식으로 운영되는 기업이 하나 더 있습니다. 그들은 보상체계를 이해한 다음, 목표를 향해 나아가며 일을 하는데, 자신의 문제는 자신이 해결하며 활기차고 열정적이며 창의적으로 일합니다. 이 회사에서는 사내 정치를 할 시간도, 모험할 시간도, 정기적인 회의를 소집할 시간도 없습니다. 그들은 단지 일과 사이좋게 지낼 뿐이죠. 그리고 그들은 한 달에 한 번 결과를 볼 수 있습니다.

베니스 | 우리가 강조하는 것은 리더가 책임감을 갖고 개인의 성장을 촉진하기 위한 문화를 창조하라는 것입니다. 조직을 신뢰와 표현의 자유, 성장을 기반으로 한 인간 공동체라고 생각하면, 리더는 그런 문화를 창조하기 위한 사회적 설계자가 되어야 하며, 그런 환경을 조성해야 할 큰 책임이 있는 것입니다. 그러나 그런 가치가 자연적으로 정착되지는 않습니다. 리더십을 발휘할 위치에 있는 사람들이 이러한 것의 표현에 모범을 보이고 보상하면 정착될 것입니다.

타운센드 | 당신은 앞에서 문화는 언급하지 않았죠. 그런데 문화의 정

착은 언제나 시행착오를 겪습니다. 먼저 활기차게 열정적으로 일할 수 있고 실수를 두려워하지 않고 일할 수 있으면 나머지는 모두 자연스럽게 정착될 것이며, 그런 문화가 출현할 것입니다. 그게 어떤 문화든 말이죠. 그런 다음에 문화를 언급할 수 있고 문화를 묘사할 수 있겠지만 그 이전에는 안 될 것 같군요.

대화의 시작 팀워크로만 기능하는 회사를 만들려면?

1 상대방 분석 당신의 부서가 하는 일에 대한 열정과 활력 수준을 평가한다. 상대방에게 당신이 그런 환경을 조성하기 위해 어떤 기여를 했는지 평가하게 하라. 그런 다음 당신의 상대방에게도 똑같이 평가해주라. 당신의 동료나 당신이 관리하는 사람들에게서 활력을 더 많이 이끌어내기 위한 방법을 상대방과 함께 브레인스토밍한다. 당신의 대답에 권한위양이라는 단어를 포함시켜라.

2 토론 질문 개인의 성장을 돕는 것에 리더는 어느 범위까지 책임이 있을까? 한 사람은 리더는 부서를 원활하게 운영하기 위해 사람들을 이끌고 권한을 위임해야 한다는 입장을 취한다. 모든 사람은 자신의 성장에 대해 책임이 있다. 상대방은 리더가 사람을 통해 부서를 운영해야 하며, 경력 계발을 위해 개인 투자가 필요하다는 생각을 지지한다. 당신은 어떤 유형의 리더와 함께 일하는 것을 선호하는가? 당신은 어떤 유형의 리더를 더 모방하고 싶은가?

3 경영 평가 상사와 함께 일하면서 "제기랄, 정말 내가 성공하길 원하는 것일까?"라는 느낌을 받은 적이 있는가? 그런 상사가 된 당신의 모습을 그려볼 수 있는가? 이것이 당신의 성취도에 어떤 영향을 미칠까?

WARREN BENNIS

제 7 장

변화를 이끄는 것

훌륭한 조직에는 무엇이 숨겨져 있나?

기업은 어떤 패러다임으로 경영하는가?

ROBERT TOWNSEND

지금까지 당신은 자신의 성장과 부하 직원의 성장, 동료의 성장, 비전을 현실로 만들기 위해 노력해야 함을 배웠다. 오늘날 비즈니스 세계는 지금까지 경험하지 못한 매우 혼란스러운 상태에 빠져 있다. 이 장에서는 리더가 조직을 어떻게 변화시켜 역경을 극복하고, 조직 구성원의 삶을 향상시킬 수 있는지 설명한다. 한 가지 방법은 조직을 흔들어 뒤섞는 것이다. 변화를 이끌고 전통적인 관습에서 벗어나려는 위험을 부담하는 리더는 세상에 자신을 맞추려 하지 않고 세상을 자신에게 맞추려 한다.

변화를 만드는 또 다른 방법은 COP(Control: 통제, Order: 명령, Predict: 예측)라는 구시

훌륭한 조직에는 무엇이 숨겨져 있나?

베니스 | 훌륭한 조직이 갖고 있는 특징을 중요도에 관계없이 말하면 이렇습니다.

- 창의성: 창조적이고 혁신적인 행동에 보상하는 것
- 장기적인 안목
- 협력적 · 독립적 · 협조적 행동
- 위험 감수
- 결과에 대한 염원
- 책임을 떠맡는 높은 선호도
- 불확실성에 대한 높은 인내심
- 변화에 대한 개방성

대적 패러다임에서 벗어나 ACE(Acknowledge: 인정, Create: 창조성, Empower: 권한 위양)라는 더 새롭고, 더 좋은 모델을 구체화하는 것이다.

이 장에서는 이들 패러다임이 무엇을 의미하고, 왜 리더가 현재의 성공을 가능하게 한 과거의 행동에서 벗어나야 하는지 설명한다. 위기 개념과 위기의 이로운 점도 알아본다. 또 어떻게 하면 조직 안에서 즐겁고, 다정하고, 유연하게 일할 수 있는 분위기를 만들고, 권한을 위양할 수 있는지 탐구한다.

– 워렌 베니스

- 높은 업무 적응력
- 효율성만이 아니라 효과에도 초점을 맞춤
- 조직 정체성과 높은 자부심
- 리더의 향상을 위한 지원과 많은 조언
- 서열에 따른 차별 축소

우리 대화에서는 이런 항목이 자주 언급되었습니다. 또 언급되지 않은 많은 내용은 지금 열거한 항목들로 압축하고 싶습니다. 우리는 조직을 변화시키고 전환하는 방법을 논의하기 전에, 무엇으로 변화시킬지 결정해야 합니다. 우리는 2000년대에 경쟁하게 될 조직들을 보면서 그것이 절대적으로 필요함을 발견했습니다.

많은 조직이 지금 어떻게 해야 할지 방향을 잡지 못하고 있습니다. 위기를 겪지 않은 조직이라도 곧 위기에 직면할 것입니다. 새로운 리더는 꿈이 없고, 영혼이 없고, 비전이 없는 조직을 변화시킬 수 있어야 합니다. 헤럴드 제닌(Harold Geneen)이 이끌던 ITT를 보면, 그의 목표가 분기별로 순익을 향상시키는 것임을 알 수 있죠. 이게 바로 영혼이 없고 꿈이 없다는 말입니다.

그런 조직이나 그보다 더 작은 조직에 들어간 리더에 관해 포괄적으로 이야기해 보지요. 그들이 조직에 들어가서 첫 번째로 하는 일은 호루라기를 불어 완전히 새로운 세상이 되었음을 알리는 것입니다. 10년 동안 동맹파업을 겪은 프랭크 데일의 'LA 헤럴드 이그재미너'도 결과지향적인 기업이었습니다. 허스트도 8년 만에 노조파업을 멈추고 회사 정문을 열었습니다. 이들 회사에 누군가 경고해야 했습니다.

타운센드 | 조직과 리더십에 관한 신화 가운데 하나는 조직 전환에 시간이 많이 소요된다는 것입니다. 저는 그 점에 철저히 반대합니다. GE를 변화시키기 위해서는 분명 시간이 많이 걸릴 것입니다. 거대 조직은 변화시키기 매우 힘듭니다. 제 말은 볼링공이나 낚싯대를 제조하는 브런즈윅 같은 작은 조직은 매우 급속도로 변하거나 전혀 변하지 않을 수 있습니다. 당신은 사람들이 보고 있을 때 그들의 관심을 끌고 변화를 이끌어야 합니다. 거대 조직을 공격(적대적인 의미가 아님)하는 방법은 변화될 준비가 된 부서를 떠맡은 뒤, 급격한 변화를 만들어내는 것이죠. 사실 CEO가 변화를 주도하는 게 가장 이상적이긴 합니다. 그러나 그렇지 못할 경우 신념과 긴급성, 우리가 언급했던 리더의 모든 자질을 갖춘 사람이 변화를 이끌어야 합니다. 그런 다음 마음을 편안히 먹고, 조직 내부의 평가를 기다려야 합니다. 동시에 조직의

영웅이 된 모든 사람에게는 보상이 돌아가야 합니다. 그러면 다른 부서의 사람들도 같은 일을 하고 싶다고 말하기 시작할 겁니다. 그러면 그렇게 하십시오. 그렇게 되면 변화는 매우 빠른 속도로 이루어질 것입니다.

베니스 | 제가 이해한 바로는 조직을 변화시키려는 모든 리더는 정말로 신속하게 움직이고 행동해야 한다는 것이죠. 첫 단계에서는 조직 전체에 극적이고, 명백하고, 반향을 일으킬 수 있는 행동을 취해야 합니다. 변화의 방향을 알려주는 행동이죠.

타운센드 | 에이비스에서 고집쟁이의 눈에 띄고 관심을 끌기 위해 제가 했던 일은 목표 설정이었습니다. 아주 쉽게 말하면 흑자로 돌려놓아야 했습니다. 그 목표는 나중에 '자동차 임대 업계에서 가장 빨리 성장하는 회사가 되고 싶습니다'로 바뀌었죠.

잠을 자고 있는 이 조직은 한 번도 수익을 낸 적이 없었죠. 저는 무엇을 했을까요? 상층부 사람들 상여금 시스템은 수익의 15퍼센트를 제공하는 것이었습니다. 여기서 상층부 사람들이란 회사의 서열 1,000위 안에 드는 사람을 말합니다. 그들도 상여금 시스템에 기꺼이 동의하더군요. 왜냐하면 0의 15퍼센트는 0인데 그게 바로 제가 원했던 것이죠. 이 회사는 수익을 내지 못했습니다. 저는 그들 이름 앞으로 손익계산서를 1,000장 만들기 위해 막대한 비용을 지출해야 했습니다. 계산에 엄청난 시간이 필요했지만 저는 그렇게 했습니다.

그 사이에 우리는 은행약정서를 다시 만들었고, 자동차 구매약정도 다시 만들었습니다. 우리는 새로운 함대를 얻었고, 새로운 유니폼을 얻었고, 새로운 로고와 새로운 외관을 갖추었습니다. 그리고 미국 전역을 돌아다니면서 사람들과 대화하며 "저희 회사가 잘못하는 게 무엇입니까? 왜 저희 회사는 13년 동안 돈벌이를 전혀 못했을까요? 저희 회사는 돈도 벌지 못하면서 어떻게 살아남았을까요?" 하고 물었습니다. 그런데 현장에서 일하는 사람들에게 얻은 아이디어가 매우 흥미롭더군요. 그 결과 현장 여행을 마쳤을 때 두 번째 비전이 수립되었습니다.

그리고 맨 위에 있던 경영위원회 의장 도널드 페트리와 저는 첫 번째로 낸 수익 100만 달러에 손을 대지 않기로 했습니다. 다른 사람들도 되도록 신속하게 성공의 맛을 보게 하기 위해서였죠. 수익의 15퍼센트는 다른 직원 1천 명에게 지급되었습니다. 그들이 수표로 보너스를 받더니 눈이 휘둥그레지더군요. 그들의 에너지는 일에 집중되었고, 그들은 별안간 렌터카 회사 운영에 통달했죠. 문제는 털사(Tulsa)인데, 대리점 네 개와 직영점이 세 개 있는데, 한 주에 일곱 군데 모두 방문하더군요. 그런데 에이비스는 그렇게 하지 않았습니다. 우리는 그때서야 그 일을 시작하기로 했습니다. 저는 "여러분이 할 일은 우리 함대를 방문하여 그들이 어떻게 일하며, 무엇이 문제이며, 우리가 하지 않는 일 가운데 경쟁사가 하는 일은 무엇인지 파악하는 것입니다. 여러분은 자동차 임대 산업에서 새로운 함대를 얻은 것입니다"라고 했습니다. 그들이 여기에 초점을 맞추자 에이비스는 더는 적자를 내지 않았습니다. 신나는 발전이었지요.

베니스 | 그러니까 당신이 말하고 싶은 가장 중요한 문제는 이렇군요. 어떻게 당신의 관심을 집중할 것인가? 어떻게 하면 사람들의 관심을

끌 수 있는가? 그런데 조직의 변화나 전환 이론을 보면, 한결같이 3단계가 포함되어 있더군요. 하나는 해동 단계로, 사람들에게 경고를 듣는 것이죠. 두 번째는 급격한 변화를 겪는 단계입니다. 세 번째는 일종의 재냉동으로, 변화를 정착시키고 그 변화가 지속되는지 확인하는 겁니다. 이 세 단계는 별개의 행위이지만, 세 번째 행위에는 완료라는 게 없습니다. 계속해서 굴러 넘어지고 다시 일어나서 계속해야 합니다.

또한 직원들의 관심을 끌고, 진보를 이끌어 평가하고, 그 진보를 이룬 사람들이 보상을 받는지 확인해야 합니다. 사람들이 계속해서 비전을 접촉할 수 있게 해야 합니다.

대화의 시작 훌륭한 조직에는 무엇이 숨겨져 있나?

1 경영 평가 당신 조직의 효율성과 효과 수준을 평가하라. 가장 큰 문제가 있는 부분은 어디인가? 마지막으로 조직을 변화시키려 했던 것은 언제인가? 이런 방식이 발전을 확신할 수 있는지 아닌지 토론하라. 변화를 이끌기 위해 당신이 밟아야 할 구체적인 단계를 열거한다.

2 토론 질문 반드시 조직을 전환해야 할 때는 언제인가? 몇 년에 한 번씩인가? 일이 잘 되지 않을 때에만 하는 것인가? 새로운 리더가 취임했을 때인가? 변화가 필요한 시기에 변화를 이끄는 긍정적인 측면과 부정적인 측면을 토론한다. 변화를 이끌어내려 할 때 시기

는 어떤 영향을 미치는가?

기업은 어떤 패러다임으로 경영하는가?

베니스 | 바로 지금, 미국의 모든 조직과 전 세계의 조직들은 두 가지 패러다임 안에 있을 것입니다. 하나는 관료제 구조에서 일을 아주 잘 했던 사람인데 19세기 리더의 모습으로 로버트가 아주 잘 묘사했더군요. 그런 패러다임은 통제, 명령, 예측이라는 세 단어로 설명할 수 있습니다. 그런 구조는 오늘날에는 효과가 없습니다. 제가 두 가지 패러다임 안에 있다고 말한 이유는, 다른 패러다임이 아직 모호하고 분명하게 구축되지 않았기 때문이죠. 제가 이 알려지지 않은 패러다임을 세 단어로 정의하면 인정, 창조성, 권한위양입니다. 저는 지금 네트워크 조직을 이야기하고 있습니다. 대부분의 조직이 인정, 창조성, 권한위양이라는 새로운 패러다임을 동경할지 모르지만, 그것은 여전히 꼼짝도 하지 않고 있습니다. 저는 전문가들과 이야기를 나누었고, 대부분의 조직이 어디에 있는지 파악하려고 관찰을 많이 했습니다. 많은 사람들이 상품이나 고객과 가장 가까운 곳에 있는 이가 결정할 수 있게 권한을 위양하는 새로운 조직을 신봉합니다. 그러나 현재 10퍼센트 정도의 조직이 그렇게 하고 있습니다. 우리는 이 두 가지 패러다임 사이에 붙들려 있습니다.

이 말이 진정으로 의미하는 바는 관료제는 조직이 떠안아야 할 위험을 권장하지도 않을 뿐 아니라 혼돈을 촉진하지도 않는다는 것입니다. 이는 리더가 체계를 뒤흔들고, 파장을 만들고, 평지풍파를 일으키

게 촉진할 수 없는 체계입니다. 대부분의 관료제는 합리적이고, 적응력이 뛰어나며, 쉽게 동화되고, 다루기 쉬운 사람을 선호하지요.

조지 버나드 쇼가 "모든 진보는 비이성적인 사람들에게 달려 있다"라고 한 적이 있습니다. 대부분의 조직은 세상을 자신에게 맞추는 대신 세상에 자신을 적응하려는 이성적인 사람들로 가득 차 있습니다. 제가 서던캘리포니아대학의 새로운 총장 선출을 도우면서 겪은 문제는 체제를 뒤흔들 후보자를 찾는 것이었습니다. 오늘날에는 정말로 어떤 확신을 갖고 장기적인 계획을 이야기할 수 있는 안정적인 조직은 없다고 생각합니다.

구식 패러다임에서 새로운 패러다임으로 전환하려면 시간이 걸리고, 순조롭지 않을 것으로 생각합니다. 이런 방향으로 변하지 않는 조직에서는 할부판매부터 죽음을 맞이할 겁니다. 우리가 강조하는 방향으로 조직이 변하지 않으면 결국 경쟁에서 패배할 것이 뻔하기 때문이죠.

타운센드 | 대화를 더 진행하기에 앞서, 저는 당신이 권한위양을 통해 무엇을 말하려는지 압니다. 40평 사무실에서 일하는 사람들이 리더나 다른 사람에게 묻지 않고 일을 해도 되고, 그들에게 변화를 만들 권한을 준다는 것인가요? 그렇다면 인정과 창조성은 무얼 의미하나요?

베니스 | 인정은 정말로 의미가 다양합니다. 어떤 사람이 성과를 거두었을 때 '잘했어!' 라며 승리를 축하하는 것이죠. 또 사람들이 정말로 자신의 말을 들어주는 것을 느낄 수 있고, 보상체계가 조직의 비전과 일치되는 분위기를 조성함으로써 비롯되는 모든 걸 의미합니다. 사람

들은 정말로 자신이 하는 일을 높이 평가합니다. 이것이 제가 말하는 인정입니다.

창조는 승인 요청 없이 올바른 일을 할 수 있는 주도권, 자치권을 지칭할 때 쓰는 일종의 용어입니다. 그러나 통제, 명령, 예측은 오늘날 전문가들의 다양한 설득에도 여전히 대부분의 조직을 지배하고 있습니다.

어떻게 하면 COP 패러다임에서 ACE 패러다임으로 전환할 수 있을지 설명하겠습니다. 이는 과거에 성공적이었던 것을 버리는 것과 많은 부분이 관련됩니다. 제가 최고경영자들과 이야기를 나눌 때 자주 들었던 질문은 "과거에 성공적이었던 사람을 미래에도 성공할 수 있게 변화시킬 수 있는 방법은 무엇인가요?"입니다. 만약 그들이 원래 방식대로 일을 계속하면 5년 뒤에는 결코 성공하지 못합니다.

제가 COP 패러다임에서 인정, 창조성, 권한위양 패러다임으로 전환하려고 노력하는 리더의 사례를 들어보겠습니다. 이 리더는 제가 좋아하는 회사인 리바이 스트라우스의 CEO 겸 회장으로, 제가 좋아하는 리더 밥 하스입니다. 그는 과거에 성공적이던 행동에서 벗어나는 게 얼마나 어려운지 토로했습니다.

예를 들어 저 또한 말을 하기보다는 듣는 법을 배워야 합니다. 저는 저와 비슷한 사람들을 소중히 여기기보다는 저와 성(性)이 다른 사람 또는 다른 문화에서 온 사람을 소중히 여기는 법을 배워야 하죠. 또한 저는 혼자 일하는 버릇을 버리고 더 협력적으로 일하는 법을 배워야 합니다. 저는 혼자 결정을 내리기보다는 다른 사람의 의견을 듣는 법을 배워야 하는 것이죠.

이제 당신에게 하나 묻겠습니다. 어떻게 하면 리더를 학습하게 만들 수 있을까요? 사람들을 하나의 패러다임에서 다른 패러다임으로 이끄는 요인이 많이 있다고 생각하지만, 제 의견에 대한 당신의 반응을 듣고 싶군요, 로버트.

타운센드 | 글쎄요. 밥 하스의 사례에 대한 저의 대답은 리바이 스트라우스가 엄청난 위기를 겪고 있지 않나요? 그 회사는 거래가 거의 끊기거나 곧 끊어질 것처럼 느껴집니다. 다시 위기의 가치에 관한 이야기로 넘어왔군요. 리더는 자신의 행동에 대해 생각할 시간을 가져야 합니다. 그리고 직원들과 문제에 관해 토론하고, 리더가 무엇을 배워야 하고 무엇을 떨쳐버려야 하는지 의견을 들어야 합니다. 그토록 심각한 위기를 겪을 기업은 거의 없을 겁니다. 그러나 위기에서 얻은 교훈은 앞으로 맞을 위기가 무엇이든(위기를 겪은 적이 없다는 말은 사양합니다) COP에서 ACE로 변하는 데 활용되겠죠.

베니스 | 오늘날 높은 성과를 가져다주는 체계와 뛰어난 조직에 관한 이야기를 할 때, 대부분은 네 개의 F를 말합니다. 로자베스 모스 캔터(Rosabeth Moss Kanter)가 이를 가장 잘 설명해줄 것 같습니다. 그녀는 "조직은 신속하고(Fast), 집중하며(Focused), 유연하고(Flexible) 다정해야(Friendly) 합니다. 또한 조직은 즐거워야(Fun) 합니다"라고 했습니다.

이게 바로 맥주 파티를 여는 리더를 보거나 광대 짓을 하는 리더를 보게 되는 이유입니다. 저는 따분하고 삭막하고 시시한 분위기보다는 즐겁고 생기 있는 분위기가 훨씬 더 좋다고 생각합니다. 저는 리더의 정신이 회사의 분위기와 관련 있다고 생각합니다. 그들은 다람쥐 쳇바퀴 돌듯이 반복적인 상상력을 갖고 있는데, 그런 단조롭고 관료적인 망상에서 벗어나야 합니다.

타운센드 | 그리고 일대일로 대화를 나누어야 합니다. 맥주 파티에서는 그럴 필요가 없지만 말이죠. 또 어려운 시기에 유머 감각을 발휘하면, 회사에 떠도는 유언비어는 사라지고 사람들은 리더를 다시 보겠죠.

베니스 | 네. 맞습니다. 최근의 사례를 들려 드리지요.

타운센드 | 네. 그러세요.

베니스 | 많은 대학생들이 교수를 평가하는 설문조사를 하고 있습니다. 최근의 평가에 아주 독특한 교수가 있는데, 그의 강의가 너무 형편없으므로 나가 죽어야 한다는 내용이 있더군요. 그는 다음날 700명이 들어가는 거대한 강의실의 교단으로 성큼성큼 올라갔습니다. 그러더니 장난감 총을 꺼내 머리에 겨누고 '탕!' 하는 소리를 내며 죽는 시늉을 했습니다. 이렇게 단순한 동작이 강의실의 긴장감을 풀어주고 그를 더 인간적인 사람으로 생각하게 하더군요. 강사로서 그의 자질이 향상되었는지는 알 수 없지만, 그의 행동은 최소한 학생들의 의견을 듣고 있음을 반영하는 것이었죠.

타운센드 | 저는 당신에게 너무 진지하게 비즈니스를 하지 말고, 지위를 위해 인생을 살지 말라고 충고하고 싶습니다. 에이비스가 CEO를 바꾸면서 유명세를 타게 되었죠. 그때 저는 지나친 신망을 얻게 되었습니다. 저희 회사를 방문한 사람들은 저를 보러 찾아올 정도였으니

까요. 어느 날 영국 지사장(이하 구두쇠 영감님)이 저를 만나러 왔더군요. 그가 도착하자 로비 안내원이 전화를 걸어 "구두쇠 영감님이 와 계십니다!"라고 하더군요. 그래서 "안으로 모십시오!"라고 했습니다. 저는 현장에 있는 우리 함대에 자부심이 있었기 때문에, 파란색 또는 빨간색 재킷을 걸치고 있었습니다. 본사의 임원도 그렇게 하고 있었죠. 그날 저는 가슴 언저리까지 내려오는 빨간색 아이젠하워 재킷을 입고 있었어요. 그 재킷이 바로 저희 회사의 서비스 대리점에서 항상 입는 재킷이었습니다. 저는 복도로 걸어가서 구두쇠 영감님을 맞이하며 사무실로 들어왔습니다. 사무실에서 둘은 토론하게 되었죠.

그런데 대답할 수 없는 질문을 받은 제가 재무부장 딕 파인을 불렀습니다. 그 방문자가 또 다른 질문을 던졌고, 저는 질문을 메모해야 했기에 "딕! 구두쇠 영감님과 제가 했던 이야기를 계속 이어서 나누세요. 난 메모지를 찾아올게요!"라고 했습니다. 저는 다른 사람의 사무실로 메모지를 가지러 갔습니다. 구두쇠 영감님이 딕 파인에게 "저 사람 정말 회장 맞습니까?"라고 했다는군요. 아. 뭐, 이런 말 때문에 자존심을 제어하지 못하게 되는 경우도 꽤 있더라고요.

그러나 IBM의 새로운 CEO 루이스 거스너(Louis Gerstner)는 '수정궁'이 그려진 가디건을 입었지요. 좋았던 시절의 엄격한 복장 규정으로 유명했던 복장이죠. 때때로 리더가 커뮤니케이션할 때, 말로 하지 않고 일상에 작은 변화를 주는 것도 좋은 방법입니다.

1 상대방 분석 가상의 프로젝트를 이용하여 그것이 어떻게 전개될지 토론하라. 둘 중 한 사람은 COP 패러다임을 활용하는 리더 입장을 취하고, 다른 사람은 ACE 패러다임을 활용하는 리더 입장을 취하라. 각각의 효과에 차이가 있는가? 두 방식에 대해 열린 마음을 갖는다. 왜냐하면 조직 전체가 ACE 패러다임을 이행하지 않는 이상 그 패러다임이 더 좋게 작용한다는 보장은 없기 때문이다.

2 듣기 훈련 당신이 리더로 발전하는 데 기여했다고 생각되는 행동을 모두 열거하라. 그런 다음 그런 행동과 반대되는 행동을 열거하라. 당신은 배운 것을 스스로 잊어버리는 것이, 더 많은 권한을 위양하는 데 어떻게 도움이 될 것으로 생각하는가? 이런 새로운 행동이 어떻게 차이를 만드는지 열거한 다음, 어떤 행동이 당신에게 가장 유용할지 평가하라.

WARREN BENNIS

제8장

위기상황에서 탈출하기

회사는 위기를 어떻게 다루고 변화를 촉진하는가?

위기를 관리하는 유능한 리더가 되려면 어떻게 해야 할까?

ROBERT TOWNSEND

리더에게 가장 어려운 도전은 위기상황을 효과적으로 관리하는 일이다. 위기상황을 잘못 다루면, 회사는 바닥으로 곤두박질한다. 그러나 위기상황을 적절하게 다루면 조직을 변화시키는 데 활용할 수 있다. 위기는 조직의 비전을 시험한다. 비전이 공격을 받고도 견디면, 비전은 더욱 강력해지고, 사람들에게 더욱더 의미 있는 것이 된다.

이 장에서는 고통스러운 상황을 헤쳐 나가는 데 도움이 될 몇 가지 기술을 제공하려 한다. 여러분은 권한위양이 어떻게 위기관리의 중요한 부분을 이루고, 추종자와 고객들이 위기를 관리

회사는 위기를 어떻게 다루고 변화를 촉진하는가?

베니스 | 1993년, 폭스바겐의 3분기 수익은 전 분기보다 10억 달러 감소하며 휘청거렸습니다. 그러자 회장 페르디난드 피치는 과감한 조치를 내렸죠. 그는 자동차 조립방식 변경, 인원 감축, 제조업자에게 지급되는 높은 임금을 내리자는 제안을 했습니다. 당시 회사는 GM 직원이 폭스바겐에 중요한 기밀을 갖고 들어왔다는 것 때문에 한창 비난을 받았죠. 피치는 그 직원을 감싸면서 GM이 모함한다고 비난했습니다. 그 해 7월에 이 회사는 4천만 달러의 수익을 기록했습니다.

극적인 위기에 관한 또 다른 사례는 세계무역센터 빌딩이 테러로 파괴된 뒤에 일어났습니다. 소득세 신고가 한창이던 2월 말에 딜로이트 투쉬 회계회사는 건물에서 나와야 했던 거죠. 뉴욕 사무실에 있던 경영 파트너 윌리엄 파레는 즉시 언론에 광고를 내서 직원들에게 연

하는 사람 덕분에 어떻게 수익을 얻는지 알게 될 것이다. 또한 비전문가의 견해를 유지함과 동시에 정치학 박사 수준의 복잡한 인맥관리 기술을 개발하는 것이 왜 효과적인 형태의 리더십으로 가는 길인지 알게 될 것이다. 기업은 위기를 극복해 이전과 다른 새로운 방식으로 일을 하게 되고, 문제해결 기회를 갖게 될 것이다. 이런 새로운 방식은 비전의 실현에 한층 가까워지게 할 것이다.

– 로버트 타운센드

락하고, 본사에 연락하라고 지시했습니다. 겨우 100명만 응답했습니다. 그런 다음 인사부장은 직원을 시켜 이 회사 직원 2,200명 모두에게 연락해, 그들이 받은 정신적 충격을 조언하라는 임무를 내렸습니다. 이런 조치로 결국 모든 직원은 회사가 다시 일어설 수 있게 힘을 모았습니다.

이 두 사례는 위기에서 비즈니스를 제자리로 돌려놓는 데 성공한 경우입니다. 하지만 제가 지적하고 싶은 사항은, 이 두 사례에 나오는 회사는 우리가 전에 말했던 리더십 특징에서 포괄성(inclusion)이라는 특징만을 활용했다는 것이죠. 폭스바겐은 포괄성이라는 특징을 대충 흉내만 냈지만, 회사의 모든 사람에게서 이로운 변화를 이끌어내기 위해 제조업자와 함께 하려고 한 겁니다. 딜로이트 투쉬의 노력도 마찬가지였습니다. 이 회사는 많은 회사들이 위기에 직면했을 때, 으레 그렇듯이 입을 굳게 다물기보다 직원들에게 손을 내밀었고, 의사결정에 그들을 참여시켰습니다. 위기에 직면했을 때 회사들이 일반적으로 취하는 태도는 뒤로 물러나거나 마음을 닫는 것이죠.

진정으로 성공적인 회사, 위기를 초월하여 위기에서 수익을 얻으며, 결과적으로 위기를 생산적인 방식으로 변형시키는 회사는 더욱더 많은 목소리를 참여시키는 회사입니다.

타운센드 | 제가 당신을 위해 위기에 직면한 회사의 사례를 들어보겠습니다. 브런스윅은 의료기 사업부를 없앴을 때 거래의 3분의 1을 잃었습니다. 이사회에서 엄청난 불만이 제기되었고 사장은 사임했습니다. 그리고 잭 레이처트가 CEO가 되었습니다. 그의 철학은 '자산은 본사가 아니라, 부서에서 만들어진다!' 였습니다. 그는 경영진을 비롯한 400개 직위를 무시하는 전체집단 개념을 폐기했죠. 또 그는 직원을 3분의 2로 줄였습니다. 그리고 부장들을 현장으로 내보냈습니다. 그는 고위 경영진의 급여를 동결하면서 수익으로 연결시켰습니다. 마침내는 자신이 가장 중요하다고 생각했던 일을 실행했습니다. 그것은 ACE의 'E(권한위양)' 를 실행하는 거였습니다. 그는 위에서부터 아래까지 모든 사람의 자금지출 권한을 5배로 늘렸습니다. 한 관리인이 도구를 구매할 때 승인을 받을 수 있는 제한액이 1만 달러였다면, 5만 달러로 늘어난 것이죠. 부사장의 자금지출 승인 제한액이 1만 달러였다면 5만 달러가 된 것입니다. 그가 말하길 권한이 많아지면 직원들에게 믿음을 주어, 더 좋은 회사를 만들기 위해 진정으로 노력한다는 확신이 들게 한다고 하더군요. 그는 직원마다 주식을 9주씩 배분했습니다. 2년 뒤에 브런스윅은 완전히 다른 회사가 되었습니다. 활기차고, 절약하며, 재정적으로 튼튼하고, 더욱 생산적인 기업으로 말입니

다. 주가도 치솟았습니다. 직원들은 하나같이 '사람 수는 줄었지만 더 많은 일을 해냈다' 고 하더군요.

베니스 | 권한위양 주제로 잠깐 돌아가면, 당신이 말씀한 부분은 정말 흥미로웠습니다. 맥스 드 프리가 한 일은 직원들이 일을 시작한 지 90일이 지나면 회사 주식을 사라고 강요하는 것이었습니다. 권한위양을 말할 때 소유주라는 문제는 매우 중요한 것 같습니다. 가장 적절한 은유를 하면, 사람들이 임대하는 자동차에 대한 느낌과 소유하는 자동차에 대한 느낌의 차이라고 할 수 있죠. 렌터카를 세차하는 사람 보셨습니까? 제 생각에 그런 부분에서 현명하지 않았나 싶습니다.

탈바꿈한 회사의 다른 사례를 들면, 실제로 8, 9년쯤 지속된 이야기입니다. 이는 제가 매우 존경하는 리더에 대한 사례가 되기도 합니다. 그는 스칸디나비아 항공(SAS)의 CEO 얀 칼슨입니다. SAS는 정말 복잡한 조직입니다. 노르웨이, 덴마크, 스웨덴 세 나라가 소유하고 이 세 나라에 세 개의 근거를 두고 있습니다. 본사는 스톡홀름에 있고, 훈련장은 코펜하겐에 있고, 오슬로에는 많은 임원의 사무실이 있습니다.

얀은 제가 만난 가장 흥미로운 경영자입니다. 그는 1970년대 후반부터 1980년대 초까지 해마다 2,000만~2,500만 달러 적자인 조직을 1993년에 50억 달러를 넘는 가치 있는 회사로 탈바꿈시켰습니다. 거의 번영하지 못하던 회사가 6년이라는 짧은 기간에 훌륭하게 변화시킨 거죠. 그 변화는 여전히 진행 중입니다. 그는 만화를 그리는 등 아주 다양한 방식으로 비전을 만들어냈지요. 그런 방식에는 그의 비전도 반영되었습니다.

하지만 무엇보다 그의 꿈이 흥미로웠습니다. 그의 꿈은 승객에게 고급 서비스를 제공하는 것이죠. 승객을 리무진이나 대형 셔틀버스에 태워주거나 비행기 탑승권을 제공하고, 승객이 목적지에 도착하면, 호텔 방 열쇠를 주고, 방에 들어간 승객은 벌써 도착한 짐을 볼 수 있었죠. 호텔에 체크인할 필요조차 없습니다.

그가 이런 꿈을 말했을 때 저는 웃음을 참지 못했습니다. 그가 말했습니다. "그게 가능하지 않다고 생각하는군요?" 저는 "네" 했습니다. "글쎄요! 우린 지난 40년 동안 승무원을 위해 그렇게 했는데요!" 라고 하더군요. 정말 흥미로웠습니다.

그것은 어디까지나 그의 꿈이었죠. 하지만 그는 그 꿈과 관련된 모든 걸 갖고 있었습니다. 그의 꿈이 SAS를 세계에서 가장 큰 항공사로 키우는 것이라면, 회사를 매년 70~80퍼센트씩 성장하게 하고, 승객들이 비즈니스 클래스만을 타고 싶게 했을 겁니다. 비즈니스 클래스에 승객을 매료시키려면, 그는 100가지 다른 방법으로 1퍼센트라도 개선해야 했을 겁니다. 그는 하나의 방법으로 100퍼센트 개선하려고 하지 않았고, 100가지 다른 방법으로 1퍼센트씩 개선하려고 노력한 겁니다.

언젠가 그가 매우 흥미로운 말을 했습니다. "저는 많은 보고서를 토대로 SAS의 직원들은 매일 현재의 고객 또는 잠재 고객과 약 6만 3천 번 접촉하는 것으로 추정했습니다. 저는 그 순간을 '진실의 순간'이라고 부릅니다. 우리가 진실의 순간마다 현재의 고객과 미래의 고객에게 친절과 호의, 고객에게 정말로 필요한 서비스를 베풀면 어떻게 될까요. 우리는 고객과 거래를 하게 될 것입니다."

저는 그런 꿈을 좋아합니다. 저는 그의 아이디어를 좋아합니다. 하지만 정말로 꿈을 실행하고 꿈을 관리하기 위해 그는 많은 것을 해야 했습니다. 그는 사원을 다른 방식으로 모집했습니다. 그가 말하더군요. "사람들과 만나는 직원을 구해야 할 때는 대개 외향적인 사람을 구하는 게 좋습니다. 그런 사람은 사람들과 이야기하는 걸 좋아하니까요. 그들은 다른 사람과 상호작용을 하는 걸 좋아합니다. 내향적인 사람을 구하지 마세요. 그들은 그렇게 하기 싫어합니다." 그래서 그는 사원을 꼼꼼하게 모집했습니다. 그리하여 좋은 서비스로 고객에 보답할 수 있었습니다. 그는 코펜하겐에 리더십 과정을 마련하여 모든 임원과 직원이 1년에 일주일씩 리더십 스쿨에 참가하게 했습니다. 처음 교육을 시작했을 때는 1만 2천 명이 참가했다고 합니다.

말이 나온 김에, 그가 스웨덴어로 쓴 책이 있는데 제목은 『피라미드 파괴하기』입니다. 그가 했던 일 가운데 가장 극적인 일, 가장 문제가 많았고 말이 많았던 일은 낡은 관료적 구조인 COP를 취하고, 새로운 회사를 루트 구조(Route Structure)화한 것이었습니다. 예를 들어 수익이 가장 많이 나는 코펜하겐발 뉴욕행 노선에는 요리사에서부터 객실 청소부, 조종사, 수리하는 사람, 승무원, 예약 담당자에 이르기까지 모든 사람이 자율적인 관리 아래 일하게 했습니다. 거기에는 노조까지 포함되었죠. 이는 결국 이익공유제도이며 원가중심제도입니다. 당신이 지금 SAS의 조직도를 보면, 이런 루트 구조를 기반으로 한 중심부에서 비롯되는 다양한 종류의 선이 하나의 은하를 이루는 것처럼 보일 것입니다. 정말로 놀랍습니다.

마지막으로 세계적이고 국제적인 항공사로 키우기 위해서는 호텔이나 다른 항공사와 제휴를 맺어야 했죠. 그래서 지난 5년 동안 콘티넨털 항공사의 지배적 지분을 사들이고, 여러 호텔을 매수하여 자신의 꿈을 이뤘던 겁니다.

이제 그가 완수했던 모든 일을 생각해 봅시다. 그는 조직의 요직에 앉아 조직을 성공적으로 전환시켰고, 그의 이야기는 아직도 진행되고 있습니다.

타운센드 | 그가 나온 광고에서 직원에게 권한을 위양하려고 애쓴 그의 노력을 엿볼 수 있습니다. 그가 "우리 회사의 모든 직원은 의사결정을 위한 권한을 위양받았습니다. 불만이 있으면 누구에게든 가장 가까이 있는 사람에게 불만을 털어놓으세요. 그러면 즉각적으로 만족을 얻을 겁니다. 왜냐하면 저희는 모두 문제를 해결할 수 있는 능력이 있기 때문입니다!"라고 하더군요. 직원들이 결정을 내릴 수 있을 것이라고 생각합니다.

대화의 시작 **회사는 위기를 어떻게 다루고 변화를 촉진하는가?**

1 브레인스토밍 대화 최소한 한 명 이상과 함께 당신 조직에서 문제가 있는 부분을 변화시키기 위해 취할 수 있는 작은 조치를 브레인스토밍하라. 대답에 권한위양이라는 단어를 반드시 포함시킨다.

2 '만약에' 대화 당신 회사가 존슨 앤 존슨이 타이레놀 사건에 직면한 것처럼 아주 위험한 위기에 처하면, 당신 회사는 어떻게 반응할지 알고 있는가? 신봉할 수 있는 공통의 비전은 있는가? 어떻게 관계자들을 참여시킬 것인가? 위기를 처리할 책임을 질 가능성이 가장 높은 사람은 누구인가? 당신 회사는 포괄적인 접근법을 취할 것인

가? 당신은 미래의 위기 상황에 대처하기 위한 계획을 제안할 수도 있다.

위기를 관리하는 유능한 리더가 되려면 어떻게 해야 할까?

베니스 | 조직의 모든 리더는 인지적 복잡성(Cognitive Complexity)을 좀더 계발해야 합니다(전문용어 사용을 양해 바람). 리더는 마치 만화경 같이 생각해야 합니다. 즉 조직 전체의 그림을 형성하는 다양한 양상과 배합을 보아야 합니다. 또 리더는 더욱 색다른 방식으로 체계라는 단어를 생각해야 합니다. 틀에 박힌 체계가 아니라, 정말로 고려해야 할 체계 말입니다. 다양한 관계자들의 상황에 관해 생각하는 데에는 비용이 아주 많이 들 것입니다.

제가 인지했고 또 제가 좋아하는 오늘날 리더들의 비즈니스 방식의 변화는, 그들이 정말로 많은 다양한 파트너십을 개발하려고 노력한다는 것입니다. 당신이 전에 언급한 합작회사에 대해서만 말하는 게 아닙니다. 저는 그 회사에서 구축한 파트너십에 관해 이야기하는 것입니다. 말이 나온 김에, 제가 알고 있는 한 회사와 관련된 모든 사람은 제조업자나 바이어 둘 중 하나입니다. 그러니까 일반적인 회사는 당신을 위해 어떤 일을 해줄 수 있는 사람이나 해줄 수 없는 사람을 다루는 것입니다. 그렇다면 리더의 일은 더욱더 많아지는 관계, 우발적인 사건, 복잡성을 이해하는 것입니다.

우리는 앞서서 짐 버크가 타이레놀 위기에 어떻게 대처했는지 말했죠. 그는 그 위기를 처리하면서 엄청나게 많은 관계자들과 엄청나게 다양한 관중을 고려해야 했습니다. 그는 고객을 생각해야 했고, 의사들을 고려해야 했고, 사회를 고려해야 했습니다. 그는 관계자들, 노조, 그 밖의 다른 많은 것을 고려해야 했습니다.

성공적인 리더라면 관계자 사이에 조화나 공정성을 가질 수 있게 복잡성을 건설적으로 생각할 수 있어야 합니다. 그들은 30, 40년 전에 생각했던 것보다 훨씬 더 많은 관계자를 고려해야 합니다. 어떤 사람은 이런 말을 했죠. "간단함을 찾기 전에 먼저 그것을 의심하라." 우리가 살고 있는 세계는 우리가 원하는 것보다 더 혼란스럽습니다. 또 우리는 세계를 밝혀내야 하고 무언가를 분명히 알고 싶어합니다. 하지만 그렇게 하려면 만화경같이 생각을 많이 해야 합니다.

타운센드 | 무슨 의미인지는 알겠습니다만, 당신이 말하다 그만둔 것을 지나칠 수 없군요. 더 많은 관계자라는 말, 맞습니다. 더 많은 복잡성? 물론이지요. 그러나 만화경 같은 생각이라니요? 그 비유는 별로 마음에 안 드네요. 당신이 의미하는 바가 우리가 체계에 대한 해결책을 선택하기 전에 아주 다양한 양상을 고려해야 한다는 말이라면 저는 분명히 동의합니다. 하지만 간단함을 단념하지는 맙시다. 제가 알고 있는 명쾌한 해결책은 대부분 '유레카!' 라는 외침이 있기 전까지는 겹겹이 쌓인 복잡성을 파헤치고, 양파 껍질을 벗겨야 찾아낼 수 있었습니다. 항상 명쾌한 해결책이 나오는 것은 아니지만, 명쾌한 해결책을 얻으면 단순하게 사고하며 시간을 보낸 것을 기쁘게 여길 겁니다.

베니스 | 다시 말하지만, 저는 간단함과 복잡성 사이를 왔다갔다하며

노는 것을 좋아합니다. 저는 어떤 것을 간단함으로 바꾸려면, 그것이 난해할 필요가 있다고 생각하기 때문입니다. 역설적으로 말하면, 저는 당신이 얘기하는 게 '난해한 간단함'이라고 생각합니다. 어떤 것을 정말로 간단하게 만들려면 그것의 복잡성을 이해해야 하지요.

뉴욕 자이언츠의 전 감독이자, 현재 뉴잉글랜드 패트리어츠의 감독인 빌 파셀은 어떤 사람이 그에게 코칭이 뭐냐고 물었을 때, 간단하게 말했습니다. 그는 "코칭은 팀에게 좋은 밑그림을 그려주고, 열심히 경기하게 하는 것입니다"라고 했습니다. 진실은 언제나 간단한 것처럼 느껴지지만, 무수한 경험과 복잡성에서 비롯됩니다.

타운센드 | 빌 파셀이 리더의 좋은 본보기임에 동의하면, 앞서 얘기한 '지적으로, 명료하게 말하는' 부분으로 가보지요. 그 말은 지나치게 지적이거나 지나치게 말을 잘하는 걸 의미하지는 않습니다. 파셀은 그다지 명료하게 말하지는 않았습니다. 단지 우연히 간단하고, 진실하며, 솔직하게 말한 것뿐이죠. 하지만 그것은 최고경영자에게 요구되는 모든 것이지요.

베니스 | 저는 전문화된 경영이 희망과 훌륭한 경영의 적이라고 생각합니다. 우리에게 필요한 게 있다면, 그것은 바로 철저한 비전문가라고 생각합니다. 경영대학원은 전문화에 너무 치중했다고 생각합니다. 왜냐하면 너무 구분되고 분할되어 있기 때문입니다. 그 점이 조직에는 해가 됩니다. 저는 리더들이 상황에 대해 전체론적인 관점을 가져야 한다고 생각합니다. 가장 좋은 사례는 제가 대학 총장으로 재직하면서 들은 이야기입니다. 의과대학 학장은 의학의 전문화를 헐뜯었습

니다. 그는 "사실 당신이 제대로 치료받으려면 다섯 명 정도의 의사에게 가야 합니다. 오늘날 병원에 남겨진 유일한 비전문가는 환자죠"라고 했습니다. 저는 전문화가 정말로 희망의 적이라고 생각합니다.

또한 저는 모든 사람이 특수성을 가져야 한다고 봅니다. 그리고 모든 사람이 하나의 규율을 갖고 있어야 한다고 믿습니다. 그러나 그것은 상당히 광범위한 것이라야 합니다. 그게 제가 말하는 깊이 있는 비전문가입니다. 쓸데없이 참견하지 않는다는 원칙이 있고 큰 그림도 볼 수 있는 사람 말입니다.

그러나 그들은 분명히 비즈니스에 관한 모든 것을 배웠습니다. 제가 만났던 아주 훌륭한 리더들도 비즈니스의 모든 측면을 알고 있었습니다. 그들이 출판업계에 있다면, 그들은 출판사가 일하는 방식을 알고, 인쇄 기술도 알고, 유통도 알겠죠. 제가 보았던 실패 사례에 나오는 사람들은 너무 전문화되어 나무는 보되 숲을 보지 못하였습니다.

타운센드 | 당신이 한 회사의 한 부분을 운영한다면, 당신에게 물어볼 수 있는 몇 가지 유용한 질문이 있습니다. 부하 직원은 신바람이 나는가? 활력이 넘치는가? 창의적인가? 자유롭게 실수를 하는가? 그렇지 않다면 그들을 속박하는 것은 무엇인가? 재교육할 것은 무엇인가? 조직에서 내가 무언가 제거하면 사람들이 자유로움을 느껴 창의적이고, 활력이 넘치며, 신바람나게 일할 수 있는가?

이 질문에 제가 대답한다면, 제가 일했던 모든 조직에서는 언제나 같았습니다. 그렇지 못한 조직에서는 모든 사람이 인내하는 하나의 구조가 정착되어 갔습니다. 그런 구조의 작용은 직원의 삶과 에너지와 창의력을 침해하는 것이었습니다. 당신은 이런 이야기를 듣기 싫겠지만 홍보부서, 인사부서, 경영정보 시스템 부서는 직원의 활동을 침범하여 방해하고, 원하지 않는 위원회에 들어가도록 강요하며, 다루고 싶지 않은 메모를 써서 대답을 강요하고, 가고 싶지 않은 회의 참석을 강요할 것입니다. 이런 종류의 활동은 직원의 정신을 구속하고, 활력을 앗아갑니다. 리더가 하는 일은 직원들의 부담을 덜어 회사의 비전에 집중하게 만드는 것이죠.

사람들이 일단 집중하여 활력이 넘치고 신바람이 나면, 통제할 필요성이 사라집니다. 사람들은 자신의 일을 할 겁니다. 그러면 사람들은 기대를 받고 있음을 알게 되며, 보상을 받을 수 있음을 알게 됩니다. 이는 리더에게 장애물과 기회에 집중하게 하고, 다음 비전을 생각할 수 있게 합니다.

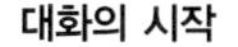

위기를 관리하는 유능한 리더가 되려면 어떻게 해야 할까?

1 토론 질문 위기를 맞는 순간에는 특히 복잡성이나 간단함으로 관리하는 것이 더 나은가? 상대방 가운데 한 명은 유능한 리더가 되기 위해 비전을 다각도로 고려하고, 모든 관계자의 요구에 주의를 기울이는 게 중요하다는 의견을 제시한다. 다른 상대방은 가장 기본적인 요소만 요약하여 겹겹이 쌓인 복잡성을 제거하는 게 위기를 처리하는 가장 좋은 방법이라고 주장한다.

2 듣기 훈련 당신은 비전문가가 되려고 노력하는가, 아니면 전문가가 되려고 노력하는가? 당신 회사에서 당신이 잘 모르는 분야

를 열거하라. 그런 다음 당신 부서에서 당신이 잘 모르는 측면을 열거한다. 당신의 업무성과를 향상시킬 수 있는 다른 분야를 배우고 있는지 평가하라.

WARREN BENNIS

제 9 장

실패는 최고의 학습 경험

리더는 언제 진정으로 실수하면서 배울까?

실수를 다루기 위해 리더에게 가장 필요한 자질은?

ROBERT TOWNSEND

실패는 최고의 학습 경험이기 때문에 사람들은 실패를 경험하고 싶어할지도 모른다. 오로지 실패를 통해서만, 심지어 실패의 위험을 통해서만, 새로운 정보를 적용해볼 수 있고, 성공의 가능성도 높일 수 있다. 그래서 리더가 부하 직원에게 실수의 중요성과 장애물을 두려워하지 않는 방법을 가르치는 게 매우 중요하다. 노먼 리어(Norman Lear)는 "유능한 리더가 되려면 부하 직원을 그냥 올바른 길에 올려놓는 것뿐만 아니라, 길 앞에 시야를 가리는 장애물이 작든 크든 극복할 수 있다는 확신을 심어줄 수 있어야 한다"라고 했다.

이 장에서는 실수라는 주제와 리더들이 실수하면서 유능한 리더가 될 수 있는 방법에 초점을 맞춘다. 실수를 저질렀을 때, 그것을 처리하는 법을 배우는 것은 리더에게 가장 민감하고 중대

리더는 언제 진정으로 실수하면서 배울까?

베니스 | 제가 아는 모든 경영자는 정말로 자신이 언제 나락으로 떨어질지, 정말로 언제 망할지 잘 알고, 그때가 가장 많이 배우는 시기라는 것도 잘 알고 있었습니다. 최근에 성공적인 리더들을 대상으로 행한 연구가 이를 입증했죠. "그 순간은 쇳덩이가 제 영혼으로 들어와서 강철을 건네던 순간이었습니다. 그 강철은 진정한 1등급 리더가 되기 위한 탄력성을 갖기 위해 필요했죠!"라고 말한 건 바로 마거릿 대처였습니다. 저는 '그 순간은 쇳덩이가 제 영혼으로 들어온 순간이었습니다' 라는 문장을 좋아합니다. 그러니까 사람들이 실패를 통해서 배운다는 중요성은 아무리 강조해도 지나치지 않겠죠.

타운센드 | 저는 좀 다르게 생각합니다. 그 점을 가장 잘 설명할 수 있

한 부분이다. 또한 리더가 비난을 혼자 떠안는 게 중요하다는 것과, 실수를 검토하여 직원들의 충성도를 높이는 창의적인 방법을 배운다. 궁극적으로 실수했을 때 리더가 해야 할 가장 중요한 일은 부하 직원이 그 실수를 처리하게 권한을 위양하는 것이다. 위험 개념은 실수의 본성에 내재되어 있다. 그래서 위험을 부담하게 촉진하고 조직을 좀더 위험한 경향이 있는 조직으로 변화시키는 방법을 이해하는 것이 중요하다. 위험은 소중하다. 왜냐하면 리더도 "당신이 걸려 넘어지는 곳마다 보물이 숨겨져 있다"라고 믿기 때문이다.

– 워렌 베니스

는 방법은 과정을 통해서라고 생각합니다. 당신이 CEO이고 저는 어떤 나쁜 소식을 갖고 당신에게 달려왔습니다. 그런데 당신은 격노해서 저를 해고했다고 칩시다. 그것이 조직에 미칠 영향이 무엇이고, 그 뒤부터 당신이 직원들에게 얼마나 많은 진실된 정보를 얻을 수 있을지 상상할 수 있겠습니까? 조직은 실수를 만들어내야 합니다. 조직은 실수를 인정해야 합니다. 조직은 실수를 고쳐야 합니다. 리더는 실수를 기뻐할 필요는 없지만, 직원들이 실수를 저지르고 실수에서 배우게 허용해야 합니다. 그러면 직원들이 실수를 보고서도 웃게 될 겁니다.

이제 진짜 질문으로 들어가서, 왜 조직은 실수를 용납하지 않거나 실수를 저지르는 걸 두려워하나요? 최고경영자가 자신은 실수하지 않는 사람인 양 행동하면, 그런 경영자가 결정한 사안에 직원들은 아무런 의견도 제시할 수 없겠군요. 당연히 그 의견은 거부당하겠죠. 어쨌든 경영자는 자신의 실수를 정정하지 않을 것입니다. 존 클리즈(John Cleese)의 말처럼 당신은 이렇게 말할 수 없을 겁니다. "글쎄요! 잘 하려고 한 건데요. 하지만 지금 고치는 게 낫겠군요!" 그 조직의 꼭대기가 그런 식이라면, 밑바닥도 절대 실수를 인정하지 않을 것입니다. 경영자는 실수를 감싸고돌며 고치려 하지 않을 겁니다. 그 조직이 기업이라면 망하고 말겠죠.

사람들은 자신이 세 가지 분야에서 전문가라고 생각합니다. 한 분야는 자신만의 분야죠. 어떤 분야이든 말이죠. 두 번째는 광고 카피 분야입니다. 세 번째는 당신의 분야인 행동과학입니다. 그래서 저는 겁도 없이 당신의 전문 분야로 들어가서, 왜 사람들이 실수를 그렇게 두려워하는지 당신에게 말해주고 싶군요.

우리에게는 모두 자아가 있습니다. 어떤 사람이 "당신은 잘못됐어요!"라고 하면 자아는 상처를 받습니다. 어떤 사람은 다른 사람보다 자아가 유약하여 상처를 받지 않기 위해 열심히 일합니다. 그들은 말하기에 앞서 말할 내용을 여섯 번 생각해보고 아무도 그것이 잘못됐다며 비난하지 않을 것을 확신하고 말합니다.

음, 그렇게 하면서 그들은 모든 자발성, 창의성을 없애버리죠. 결국 그들이 말하는 것은 너무 안전해서 쓸모없겠죠. 다시 존 클리즈의 훌륭한 사례를 인용하면 그는 "그때가 몇 시였냐고 물으면, 아침 8시와 정오 사이였다고 말할 수 있고, 아무도 그 사실로 저에게 흠잡을 수 없지만, 그 정보는 그다지 유용하지 않습니다. 반면 저는 그때가 10시 24분이었다고 말할 수 있고, 제가 1, 2분쯤 틀릴지 모르지만, 전자보다는 당신에게 더욱 유용할 것입니다"라고 말합니다.

조직에서 창의적인 사람이 되려면 지금껏 생각하지도 못했고 알지도 못했던 것을 말하고 실행할 수 있어야 합니다. 실수처럼 보이거나 실수일지도 모르는 것들 말입니다. 다른 사람에게 잘못됐다는 비난을 받는 것을 두려워하거나 실수를 두려워할 때 창의적인 것은 아무것도 이루어질 수 없습니다.

당신은 어리석거나 어리석은 것으로 알려진 것을 말할 준비가 되어 있어야 합니다. 좀 색다른 종류의 실수가 있습니다. 에드셀(포드가 제조한 자동차로 완전히 실패함)을 시장에 내놓고 싶은 사람은 없을 겁니다. 아시아에서 전쟁을 시작하고 싶은 사람도 없을 겁니다. 하지만 사실 무언가 상당히 깊숙이 알기 전까지는 그게 실수인지 모르는 거죠. 그리고 사람들 앞에서 실수를 인정하고, 실수를 고쳐 실수를 보고 웃고 학습 과정으로 나아가는 게 건강한 조직이 되기 위한 첫걸음이죠.

일종의 권한위양으로서, 당신 자신과 직원들이 실수를 저지르도록 하는 방법은 "그 실수를 보십시오. 우리는 모두 자아가 있고, 자아는 자기중심적인 곳에 위치하므로 실수를 해서 감정이 상할지도 모릅니다. 한번 이런 식으로 생각해보세요. 제가 실수를 했음을 깨닫자마자 인정하고, '제가 실수했습니다. 고치는 걸 도와주세요!' 라고 하면, 저는 제 자아에게 최소한의 고통만을 주면서 실수를 고칠 수 있을 겁니다. 그 실수에 관해 이리저리 연구하면서 실수가 얼마나 나쁜지도 깨닫게 되겠죠. 이유와 변명거리를 찾기 전에 말이죠"라고 말하는 것입니다.

그리고 잘못했을 때 그것을 인정하는 사람이라는 평판을 회사 사람들에게 얻기 때문에, 그런 보상을 통해 고통을 상쇄할 수 있습니다. 고통은 그리 오래가지 않을 겁니다. "제가 실수했습니다!"라고 인정하는 고통을 거의 상쇄하고도 남습니다.

그렇게 말하면, 실수를 은폐하다가 점점 더 커져 마침내 "저는 실수만 한 게 아니라, 그 실수를 은폐하는 두 가지 실수를 범했습니다!" 라고 말하여 막대한 고통을 당하는 경우보다는 고통을 덜 받을 겁니다. 그러니까 제발, 이런 생각을 당신의 머릿속에 집어넣고, 직원들의 머릿속에 집어넣으십시오. 어떤 것을 시도했다는 것 자체가 최고의 일이라는 걸 말이죠. 당신이 실수했다는 판단이 들 때, 그 실수를 인정하고, 필요할 때는 다른 사람에게 도움을 요청해 오류를 시정하세요. 그렇게 하면 당신 조직, 당신 부서는 최소한 건강해질 겁니다. 그리고 학습하는 조직이 될 것입니다. 당신은 영웅이 될 것이고, 직원들도 영웅이 되며, 권한을 위양받게 될 겁니다.

베니스 | 오늘날 위험을 선호하는 환경을 만들지 않고서 어떻게 성공적인 조직을 만들 수 있는지 모르겠습니다. 안전한 위험이라는 것은 없습니다. 혁신이 중요한 차이점을 만들고, 새로운 것을 시도하는 것이 경쟁에서 이점을 주는 환경에서, 성공적인 조직을 만들 수 있는 별다른 대안을 모르겠습니다. 가장 성공적인 회사들을 보면, 그들은 위험을 선호하는 환경을 만들기 위해 정말 노력하고 있습니다.

제가 좋아하는 사례는 3M입니다. 이 회사가 다른 사람들에게 실수를 허용하도록 약속했음을 입증하는 세 가지 사례가 있습니다. 첫째, 제가 좋아하는 이 회사의 좌우명은 '실패를 견뎌라' 입니다. 둘째, 지난 5년 동안 실험실에서 만들어진 상품의 매출액 25퍼센트를 적립한다는 정책이 있습니다. 요새는 3년으로 바꾸었는데, 제 생각에는 상당히 힘들 것 같습니다. 셋째, 이 회사는 직원을 위한 혁신 자금으로 모든 사람이 미쳤다고 생각하며, 좀 지나치다 싶은 파일럿 교육과정

(pilot programs)을 운영합니다. 이 과정이 운영되는 곳, 즉 미친 아이디어가 떠오를 뿐만 아니라 촉진하는 이곳은 때때로 코카마미 센터(Cockamamie Center, 터무니없는 센터)라고 불리기도 합니다.

조직이 지금 당장 새로운 시대를 껴안고 위험을 감수하는 것 외에는 다른 선택권이 없다고 생각하지는 않습니다. 위험을 감수하지 않으면 조직은 변하지 못할 것이라는 말입니다. 리더는 변화 촉진자가 되어야 합니다.

저는 지난 13년 동안 한 150명쯤 되는 리더들을 인터뷰하면서, 그들에게 늘 세 가지를 물었습니다. 첫째, 당신의 강점과 약점이 무엇입니까? 둘째, 당신이 리더로 성장할 때 가장 중요했던 경험은 무엇입니까? 셋째, 당신의 경력, 당신이 만들었던 선택, 왜 그 일에 머물기로 결정했고, 왜 그 일에 머물지 않기로 결정했는지 말씀해줄 수 있나요?

타운센드 | 당신이 인터뷰했던 만화경같이 생각하는 사람들이 동시에 세 가지 질문에 모두 대답하려고 하던가요? 농담입니다. 저는 그 만화경 같다는 이미지가 정말로 싫어요.

베니스 | 당신에게 내 목소리가 들리는 동안 그 '만화경 같은' 이라는 단어를 다시는 꺼내지 않겠습니다. 이 모든 리더 가운데서 제가 발견한 것은 먼저, 실패는 설명하기 위해 절규한다는 것입니다. 사려 깊고, 생각이 깊으며 성공적인 사람은 당신이 앞서 말씀하신 것처럼 정말로 실패를 하려고 애를 씁니다. 그리고 다른 사람들에게 비난을 떠넘기지 않고 해야 할 역할을 이해하려고 합니다. 그들은 자신의

실수를 자유롭게 말하고, 인정하며 실수에서 배우려고 노력합니다.

사례를 계속해서 들 수도 있습니다. 훌륭한 텔레비전 방송작가이자 프로듀서인 바바라 코데이(BarBara Corday)는 일주일 동안 끔찍한 사건을 두 건 겪었습니다. 남편이 그녀를 떠났고 그녀는 일자리도 잃었습니다. 하지만 그녀는 그때까지 일어났던 그 어떤 일보다 그때의 경험에서 많은 것을 배웠다고 하더군요.

서던캘리포니아대학의 운동부 감독 마이크 맥기(Mike McGee)는 자신에게 일어났던 일 가운데 듀크대학의 미식축구팀 감독에서 해고되었을 때 가장 힘들었다고 하더군요.

〈워싱턴 포스트〉의 전 발행인 케이 그레엄(Kay Graham)은 "나에게 실수란 일하는 또 다른 방식일 뿐입니다"라고 했습니다.

이 모든 사례에서, 저는 당신이 강조하는 조식에 대해서만 얘기하는 게 아니라, 개인의 성장에 대해서도 강조하려고 합니다. 실패는 설명하기 위해 절규합니다.

대화의 시작 **리더는 언제 진정으로 실수하면서 배울까?**

1 집단 토의 당신 직장은 실수를 어떻게 다루는가? 회사에서 일어났던 큰 실수를 알고 있는가? 그것들은 어떻게 다뤄졌는가? 당신 조직에 있는 어떤 사람이 큰 위험을 감수하면, 사람들은 얼굴을 찡그릴까, 아니면 그렇게 하게 권장할까? 위험을 감수하게 허용된 사람과 그렇지 않은 사람 사이에는 차이가 있는가? 왜 그런가? 당신 사무실에서 어떻게 하면 위험을 더욱 감수하려는 분위기를 촉진하겠는가?

2 브레인스토밍 대화 당신 회사의 브레인스토밍 회의에 관하여 토론하라. 혁신은 어떻게 논의되는가? 사람들은 비판하지 않는 분위기에서 자신의 아이디어를 표현하는가? 당신의 직원들이 공격을 받지 않고서도 새로운 아이디어를 제시할 수 있는 방법을 브레인스토밍하라. 그런 다음 아무런 영향 없이 자유롭게 실수할 수 있는 방법을 브레인스토밍하라.

실수를 다루기 위해 리더에게 가장 필요한 자질은?

베니스 | 애플 컴퓨터가 최초로 뉴턴 메시지패드(Newton MessagePad)를 출시했을 때, 소비자와 언론은 비웃었습니다. 이 회사는 원작의 수많은 결점을 극복하기 위해 사람들을 재편성했죠. 그러고는 7개월 뒤에 새롭고, 더 싸며 더 유용한 버전을 내놓았습니다. 당시 이 회사의 부사장인 게스턴 바스티엔(Gaston Bastiaens)은 "우리는 우리 고객의 의견을 듣고 그들의 요구에 맞게 개조했습니다"라고 했습니다. 기업의 비전은 고객 배려를 통해 입증됩니다. 즉 상품에서 무엇이 잘못되었는지 직시하는 정직함을 통해 고결함이 입증됩니다. 그리고 실수를 인정하는 용기는 어려운 상황에 직면했을 때 무엇을 해야 할지 보여주는 본보기가 됩니다.

당신이 페리에(발포성 광천수의 상표명)의 병에 든 광천수가 화학성분인 벤젠으로 오염되었음을 알았을 때, 그 회사는 어떻게 했는지 알고 싶다면 말씀해 드리지요. 그 회사는 1년 동안 문제를 부인했습니다.

타운센드 | 아메리칸 익스프레스가 샐러드 오일 스캔들을 일으켰을 때도 지도층이 고결함을 보여주지 못하여, 결과적으로 평판을 크게 손상시킨 것도 실수의 사례라고 할 수 있습니다. 뉴저지의 탱크에 있는 '아메리칸 익스프레스 필드 웨어 하우징 주식회사'가 발행한 샐러드 오일을 수취할 영수증을 갖고 있던 많은 투자은행들은 탱크가 갑자기 텅 비었고, 수취증이 휴지가 되었음을 알았죠. 아메리칸 익스프레스도 그 수취증에 돈을 지불하지 않았습니다. 이 일 때문에 이 회사도 수백만 달러를 손해 보게 되었습니다. 그런데 아메리칸 익스프레스는 "저희는 그 탱크를 검사한 적이 없습니다. 매우 죄송스럽지만, 그 회사는 저희와 다릅니다. 단지 우리 회사의 이름을 사용하고, 저희가 100퍼센트 투자한 자회사일 뿐이죠. 죄송하지만 그 자회사는 아무런 자산이 없습니다"라고 대응했죠. 아메리칸 익스프레스는 투자금액의 70퍼센트는 지켰겠지만 30퍼센트는 하수구로 들어갔죠. H. 헨츠를 포함한 몇몇 회사는 이 일로 파산했습니다.

베니스 | 실수를 처리하는 데 하나의 위험은 경영자가 새로 부임하여 어떤 문제를 줄곧 담당하던 사람의 임무를 가로채는 것입니다. 저는 20여 년 전에 국무부에 자문할 때 이런 사실을 깨달았습니다. 한 지역에서 문제가 발생할 때마다 해당 부서장은 지역 소장의 임무를 떠맡았죠. 그런데 어느 순간에는 국무장관이 그 일을 하더군요. 이는 그 문제를 정말로 잘 아는 사람, 또 그 문제와 가장 가까운 사람들의 사기를 꺾었습니다. 이런 문제해결 방식은 정말로 조직의 구조를 파괴하고 관련된 모든 이의 사기를 떨어뜨립니다.

타운센드 | 그리고 임무를 가로채는 것은 곧 그 사람들이 최악의 결정을 한 것이라고 분명히 말해줍니다. 성장할 수 있는 기회가 주어져야 할 사람의 사기를 저하시킨 것이죠.

베니스 | 맞아요. 권한을 위임하지 않는 것은 사람을 다루기 쉽고 순종적인 사람으로 훈련시키는 것이죠. 만약 위기가 찾아오면, 사람들은 '그냥 본사에 전화해!' 하고 무관심하게 됩니다.

문제를 검토할 때 사람은 반드시 성장합니다. 잇따른 실수의 결과로 아주 중대한 실패를 했다고 가정합시다. 그 실패를 살펴보고 무엇이 잘못되었는지 분석하는 경영자의 모습이 눈에 보이는 듯하군요. 담당자도 "리더인 저의 잘못은 아닙니다. 무슨 일이 일어났는지 조사해 분석해 보죠!"라고 하겠죠. 시스템의 여러 기능이 망가졌을지 모르니 살펴보자는 말이겠죠. 그리고 발생한 일에 대해 비난받을 사람이 자기 혼자가 아니라는 거지요.

저는 한 대학의 부총장직을 사임해야 했을 때 그런 사실을 깨달았습니다. 왜냐하면 저는 제 목소리가 더는 중요하지 않음을 느꼈죠. 제가 괜찮다고 생각한 제 의견이 무시되는 아주 중대한 결정이 이루어졌기 때문이었습니다. 저는 1970년대에 학생 폭동이 일어났을 때 사임했는데, 아주 시끌벅적하고 떠들썩하게 퇴장했습니다. 제가 다른 대학의 총장이 되었을 때 부하 직원들과 문제가 생겼죠. 제 생각에 부총장과 학생과장이 일을 잘못하는 것 같았지만, 그들이 일을 망쳐놓았다고 절대로 공개적으로 지적할 수 없었습니다. 사실 저는 희생양이 되어야 했죠. 저는 그런 역할을 특별히 좋아하지도 않고, 비난을 공개적으로 떠맡지도 않았습니다. 하지만 저에게 직접적으로나 간접적으로 보고하는 누구에게도 공개적으로 손가락질하지는 않았습니다.

그러나 항상 궁금했던 건 제가 정말로 어떤 사람이 대학을 궁지로 몰아넣는 일을 할 때, 그것에 동의하지 않는 사람이 있으면, 왜 "그 점을 한번 이야기해 봅시다!"라고 하지 않느냐는 것입니다. 솔직히 저도 공공연하게 그렇게 한 적은 없습니다. 로버트, 이게 바로 리더십의 대가라고 생각합니다.

타운센드 | 제 생각에도 그건 리더십의 대가인 것 같습니다. 당신은 분명 그 문제에 대해 개인적으로 그와 이야기할 것이기 때문이죠. 그리고 당신은 문제를 지적하는 당신에게 그가 어떻게 반응할지 생각하는 것이죠. 안 그런가요? 그는 결코 당신의 말을 듣지 않겠죠.

베니스 | 맞습니다.

타운센드 | 그러면 당신은 좌절하겠죠.

베니스 | 그런데 공공연하게 비난을 떠맡는 건 아주 흥미로운 행동이네요. 책에서 읽은 건 아니겠죠.

타운센드 | 네! 그리고 직원이 성장하고 권한을 부여받을 수 있게 돕는 건 매우 중요하다고 생각합니다. 조직의 위에서나 외부의 미디어에서 듣도 보도 못한 강력한 힘으로 공격받으면, 그들은 겁먹을 것입니다.

베니스 | 저는 화를 참는 것이 적절하지 않을 때가 있고, 어떤 시점에

서는 적절하다고 생각합니다. 궁극적으로 조직에 손해를 입히는 표출 방식은 잘 다듬어져야 한다고 생각합니다. 즉 미친 사람처럼 화를 내지만 않으면, 진정으로 마음을 열고 "보세요! 우린 정말로 이 일을 서둘러야 합니다!"라고는 할 수 있겠죠.

타운센드 | 네! 저는 진실을 얻을 수 있을 만큼 충분히 신뢰받고 있다고 가정하여, 진실을 듣지 않으려는 리더의 사례를 볼 수 있습니다. 그래서 너무 늦거나 비용이 많이 들기 전에 나쁜 소식을 전해주는 사람이 없었습니다. 그는 정당하게 화낼 수 있었습니다. 하지만 파괴적일 만큼 화를 내지는 않았습니다. IBM이라는 대기업의 사례를 기억하실 겁니다. 어떤 사람이 1천만 달러가 드는 실수를 하고 나서 상사를 보고 말했습니다. "저를 해고해 주세요!"

베니스 | 그 상사의 이름이 톰 왓슨인 것 같네요.

타운센드 | 왓슨 1세 말인가요? 아니면 2세요?

베니스 | 왓슨 2세인 것 같습니다.

타운센드 | 그러자 왓슨이 말했습니다. "당신 미쳤어요? 우리는 당신 교육비로 1천만 달러를 투자한 겁니다. 그런 자산을 회사 밖으로 쫓아버릴 것 같아요?" 신뢰 구축 과정을 경험한 것이죠. 충성도에 관한 이야기였습니다.

대화의 시작	실수를 다루기 위해 리더에게 가장 필요한 자질은?

1 상대방 분석 상대방에게, 위기 때에 당신이 고결함을 유지하는 능력을 분석하게 하라. 당신은 실수했을 때 유능한 리더가 되는 데 도움이 되는 자질 가운데 어떤 자질이 있는가? 부하 직원에게 그런 특징을 전염시킬 수 있는가?

2 정의 훈련 당신이 생각하는 어려움에 빠졌을 때의 권한위양이란 무엇인가? 당신은 책임을 회피하거나 떠맡는 경향이 있는가? 다양한 상황에서 당신의 부하 직원에게 좀더 권한위양할 수 있는 리더가 되는 방법을 결정하라. 당신은 얼마나 자주 다른 사람을 위해 비난을 감수하는가? 그렇게 하지 않고, 그런 행동이 부하 직원에게 이득이 되면 그 이유를 열거하라.

WARREN BENNIS

제 10 장

새로운 업무 패러다임 구축하기

변하는 환경은 리더십 발휘에 어떤 영향을 미칠까?

조직의 꼭대기에 앉힐 리더는 어떻게 선택해야 할까?

ROBERT TOWNSEND

언어와 문화적 다양성, 성별과 인종 편견, 조직을 떠나는 것, 새로운 리더를 사회적 대의에 협력하게 하는 것은 비즈니스 업계에서 새로울 것도 없는 주제이다. 그러나 오늘날의 도전은 과거의 과제를 희석시키고 있다.

단순한 '관리자'는 환경이 안정적이고 조직이 번영할 때에만 일을 잘한다. 그러나 지금은 새로운 시대이고, 리더에게는 새로운 문제해결 방식이 요구된다. 계속해서 변하는 과학기술, 세계화의 진전, 점점 더 다양해지는 인구와 함께 리더십은 새로운 기술과 새로운 패러다임으로 전

변하는 환경은 리더십 발휘에 어떤 영향을 미칠까?

베니스 | 오늘날 조직의 분위기에 영향받지 않는 조직은 없다고 생각합니다. 그것이 바로 낡은 패러다임에서 우리가 강조하는 패러다임으로 전환하는 것이 중요한 이유이기도 합니다. 현재의 경제 환경은 혼란스럽지만 변하지도 않으며 흡족하지도 않은 상태이기 때문이죠. 우리는 2, 3년 뒤에 무슨 일이 일어날지 지금 당장은 예측할 수 없습니다.

제가 MIT의 교수로 재직하던 시절에 일어난 주요 사건 두 가지가 떠오르는군요. 하나는 북동부지역의 정전사태였고, 다른 하나는 쿠바 미사일 위기였습니다. 저는 지금도 종종 악몽에 시달립니다. 이런 재앙이 한꺼번에 일어났다면 어떻게 되었을까요? 우리는 제3차 세계대전의 전화에 휩싸였을지도 모릅니다. 그때를 돌이켜보면 위기는 FBI 요원처럼 한 쌍으로 다가오더군요. 그러나 이제는 4, 5, 6벌로 다가옵

환할 것을 요구하고 있다. 이 장에서는 이러한 새로운 도전이 오늘날의 리더에게 무엇을 의미하고, 어떻게 하면 이러한 변화에 뒤떨어지지 않을지, 어떻게 하면 조직에서 품위 있게 변화를 이끌어낼지를 탐구한다.

조직을 위한 리더를 선택할 때 빠져들기 쉬운 함정인 '명백한 선택'이 왜 언제나 바른 선택이 아닌지, 리더들은 언제 휴식과 반성을 위한 시간을 내야 하는지에 대해 토론한다.

– 로버트 타운센드

니다.

당시에는 오늘날처럼 경영서적이 거의 없었는데, 이는 아마도 축복이었을지 모릅니다. 제가 대학원을 다니면서 본 경영서적은, 믿거나 말거나 폴 게티(J. Paul Getty)의 자서전이 전부였습니다. 다른 어떤 책보다도 이 책이 지금과 그때의 변화를 입증할 것 같습니다. 그는 비즈니스에서 성공하기 위한 규칙을 세 가지 제시했는데, (1) 일찍 일어나기, (2) 열심히 일하기, (3) 석유 찾기였습니다.

저는 6주에 한 번씩 CEO 회의를 맡고 있는데, 톰 피터스나 톰 피터스처럼 재능 있는 흥미로운 연설자를 모십니다. 저희는 미국에서 종교에 관한 회의를 한번 열었는데 LA의 추기경과, 하버드 대학에서 종교를 가르치는 하비 콕스(Harvey Cox)를 초대했습니다. 저는 달라이 라마를 모셔 와서 훌륭한 에큐메니컬 강연(전 그리스도교 교회주의)을 들어보았으면 좋겠다고 생각했습니다. 그래서 인도인 친구에게 달라이 라마에게 내 편지를 전해달라고 부탁하여, 이번 종교 세미나에 초대하려고 했습니다. 한 달 뒤에 저는 그가 올 수 없다는 전갈을 받았습니다. 그러나 그가 편지에 의사를 전달한 방식이 흥미로웠습니다. 뭐냐하면 서던캘리포니아대학으로 팩스가 온 겁니다. 자, 달라이 라마가 히말라야 산맥의 꼭대기에 앉아서 제게 팩스로 답장을 보내고 있다고 상상해 보세요. 바로 세상은 우리가 결코, 아니 절대로 예측할 수 없는 방식으로 변한다는 사실이지요.

과학기술은 세계화를 의미합니다. 모든 미국 상품의 88퍼센트는 최소한 한 개의 외제 부품을 사용합니다. 내셔널 세미컨덕터 사장 피터 스프레그에 따르면 상품 연구는 러시아 사람들이 하고, 반도체 칩은 이스라엘에서 설계하며, 반도체는 미국에서 생산하고, 조립은 아시아에서 한다고 합니다. 이것이 미국에서 만든 상품일까요?

어쨌든 이런 다양한 인구, 과학기술, 세계화의 위력을 실감하지 못하는 사람이 어디 있겠습니까? 큰 조직에서 일하는 사람에게 이런 변화는 비밀이나 수수께끼도 아니라고 생각합니다. 지금 세계화의 위력에서부터 숨을 제대로 쉴 수 있는 회사는 없습니다. 제가 아는 꼭대기마다 앉아 있는 리더들은 거의 모두 국제적인 경험을 한 사람들이죠.

타운센드 | 세계화에 관해 말할 때는 언어 문제가 생깁니다. 그러나 저는 리더가 외국어를 구사할 수 있어야 한다고 생각하지는 않습니다.

베니스 | 비즈니스 언어가 영어라는 건 천만다행이지요. 그러니까 우리는 상당히 운이 좋은 겁니다.

타운센드 | 맞아요. 우리는 운이 좋은 겁니다. 우리 직원들은 영어를 배워야 하는데, 거기에는 의문의 여지가 없습니다. 직원들은 히스패닉, 아랍인, 아시아인 등일지도 모르지만, 그들이 어떤 조직에서든 성공하고 싶으면 영어를 배워야 한다는 데 동의합니다.

베니스 | 영국의 늙은 재향군인이 그걸 말해줄 수 있겠군요. 우리의 배경과 전공 분야는 우리가 나중에 걸어갈 길을 결정하기도 합니다.

타운센드 | 글쎄요! 저는 영어를 전공했지만, 프랑스어와 스페인어를 유창하게 구사하려고 노력을 많이 했기에, 주관적으로 말하는 것은 아닙니다. 하지만 이제까지 리더가 가져야 할 모든 것을 넘어선 한 가지가 있습니다. 리더는 개인으로서 성적으로, 인종적으로 중립적이어야 합니다. 게다가 어떤 회사에서 존재할 성차별이나 인종차별 가능성을 의식해야 합니다. 희망적인 건 우리가 인종차별주의와 성차별주의를 물리칠 수 있다는 것입니다. 그러나 그 문제는 아직 우리 곁에 있으므로, 유능한 리더라면 이런 어렵고 중요한 문제에 달려들 준비가 돼 있어야 합니다.

베니스 | 시민보다는 오히려 군대에서 성과 인종 개념이 더 진보했다는 사실이 아이러니하게 생각되지 않습니까?

타운센드 | 네. 분명 군대가 더 진보했지요. 하지만 평균 수준의 회사들이 군대 방식을 받아들일지는 확신이 안 서네요. "경영자가 인종차별주의에 관해 구체적으로 언급하거나, 로비에 액자로 걸어놓으면 안

되는가?"라고 물으면, 제 대답은 '안 된다' 입니다. 리더의 행동은 말이나 글보다 더 큰 목소리를 낼 것이며, 회사의 태도를 나타내는 행동을 초월하는 말을 해서는 안 됩니다.

그리고 조직의 대단한 것 가운데 하나는 조직이 아직도 '본대로 따라하고' 있다는 것입니다. 리더가 인종 중립, 성 중립주의자라면 그런 태도가 직원들에게도 전해질 겁니다. 서면으로 된 보고서는 역효과를 초래할 뿐입니다. 비웃음만 살 뿐이죠. 역효과를 초래하는 웃음거리 말이에요.

직업의 변화 문제를 말해보면, 직업의 변화는 '아슬아슬한 10년' 이었습니다. 우리는 모두 조기퇴직하거나 임시해고를 받은 수많은 사람을 알고 있습니다. 일자리를 찾으러 다니는 것이 썩 기분 좋은 일은 아니죠. 왜냐하면 일을 찾는 사람의 수는 증가하는 반면, 좋은 일자리는 계속 줄어들기 때문이죠.

기업가가 되거나 자영업을 하는 사람은 무척 많습니다. 그렇게 해서 좋은 점도 있지요. 하지만 제 경험에 비춰볼 때 최악의 조직에서조차 즐거움을 찾을 수 있습니다. 당신이 있는 곳에서 어떻게 즐거움을 찾을지 알아내십시오. 그것이 바로 제가 아슬아슬한 10년 동안 했던 일입니다.

베니스 | 사람들은 저에게 그들이 처한 상황이 어떠하며, 그들이 떠나야 하는지 머물러 있어야 하는지, 또 그 상황을 어떻게 그들이 머물 수 있는 상황으로 향상시킬 수 있는지 물어옵니다. 저는 그들이 처한 상황을 구체적으로 알지 못하기 때문에 그런 질문에 대답하기가 매우 곤란합니다. 하지만 저는 주로 사람들에게 이렇게 말합니다. "이봐

요! 저에게 당신이 처한 상황을 말해주면, 저는 그걸 이해하고 공감하는 것 외에는 달리 할 수 있는 게 없습니다." 저는 자신이 무엇을 원하는지 알고 있는 사람에게만 이렇게 말합니다. 제가 이런 종류의 대화를 할 때 사람들에게 종종 묻는 질문은 "당신에게 진정으로 짜릿함, 즐거움, 흥분을 주는 것은 무엇입니까?" "당신을 몰두하게 하는 것은 무엇입니까?"입니다. 왜냐하면 스트레스와 만족 사이의 차이를 살펴보면 많은 것을 이해할 수 있기 때문이죠.

타운센드 | 당신이 말하는 것을 부연하기 위해 제가 사용할 구절은 '당신의 심장을 뛰게 하는 일을 하라!' 입니다. 그리고 당신이 어떤 직장에 있을 때 심장이 뛰지 않는다면 부디 거기 머물지 마십시오.

베니스 | 처음에 면접을 볼 때부터 모든 일이 출발합니다. 당신은 성실하고 정직한 태도로 사람을 구해야 합니다. 당신은 정말로 사람들이 무슨 일에 종사하게 될지 말해 그들이 헛된 꿈에 사로잡히지 않게 해야 합니다. 그리고 조직의 목표와 비전에 부합되는 방식으로 사람을 구해야 합니다.

타운센드 | 아메리칸 익스프레스에 있을 때 저는 신용카드 사업을 시작하라는 요구를 받았습니다. 저는 난색을 표명했습니다. 그러곤 말했죠. "제가 신용카드 사업을 시작하지는 않겠지만, 다른 사람을 찾아보겠습니다." 그러자 그들이 말했죠. "왜 사업을 시작하지 않는다는 거죠?" 그래서 제가 말했습니다. "결제 기계에 대한 전문기술이 필요하며, 제가 그런 경험이 없기 때문입니다. 하지만 그보다 더 나쁜

것은 여러분이 저에게 한순간의 평화도 주지 않을 거란 거지요. 그러니 다른 사람을 구해드리겠습니다!" 그래서 저는 다른 사람을 구했습니다. 저는 헤드헌팅 업체에 연락하고, 내부에서 구하지 않았습니다. 왜냐하면 저희 회사에는 새로운 비즈니스 시작에 적절하거나 근접한 사람이 거의 없었기 때문입니다.

저는 그 사람과 오랫동안 이야기를 나누었습니다. 아메리칸 익스프레스는 직원들에게 급료를 충분하게 주지 않았기 때문에, 저는 그에게 얼마를 필요로 하느냐고 물었습니다. 저는 그가 얼마를 받아야 할지 알고 있었고, 회사가 그에게 지급할 액수가 충분하지 않음을 알고 있었습니다. 그래서 저는 그에게 우리 CEO와 절대로 만나지 않겠다고 주장하라고 일렀습니다. 그렇게 하지 않으면 우리 CEO는 그 사람의 인생 절반을 대기실에 있으라고 할 사람이었죠. 그가 카드 비즈니스를 유영하는 대신에 CEO의 대기실에 있게 된다면 그 조직은 실패했을 것입니다. 저는 그에게 회사를 소유한 것처럼 경영하고, 이 회사에서 해고되지 않고 3년 동안 일하면 흑자 상태로 올려놓을 수 있을지 생각해 보라고 말했습니다. 그리고 다른 사람들이 그에게 무슨 말을 하든지 신경 쓰지 말라고 했습니다. 저는 "당신이 이 회사에 들어가기 전에 내가 당신에게 해주는 지도입니다!"라고 했습니다.

그는 제 모든 충고를 따랐습니다. 그는 그 회사를 3년 안에 흑자상태로 만들었죠. 그러나 그는 분기별 회의 때를 제외하고는 CEO를 본 적이 없었습니다. 그는 정말로 훌륭하게 일했어요.

대화의 시작 변하는 환경은 리더십 발휘에 어떤 영향을 미칠까?

1 토론 질문 당신 회사에서는 성적 편견이나 인종적 편견이 없는가? 리더가 그 점에 관해 해야 할 일은 무엇인가? 그런 문제에 관하여 서면으로 된 정책이 있어야 한다고 생각하는가? 그렇다면 왜 그렇게 생각하는가?

2 역할극 대화 당신의 상대방에게 일자리를 찾는 사람의 역할을 하게 한다. 당신은 면접관처럼 하라. '정직한 구인'이란 무엇을 의미하는지 판단하고, 상대방과 함께 그렇게 하게 연습하라. 이런 식으로 면접할 때 직면하는 어려움은 무엇인가? 이런 면접 형식을 믿는가? 그것이 어떻게 직무 성과를 향상시킬 수 있는지 알고 있는가? 왜 그렇게 생각하는가?

조직의 꼭대기에 앉힐 리더는 어떻게 선택해야 할까?

타운센드 | 당신 자신에게 이렇게 물어보십시오. "이 회의에서 경영위원회가 곧 사임하는 CEO를 대신하여, 괴물이나 복제인간을 고르기 전에 모든 후보자를 고려하게 하려고 내가 할 수 있는 일이 있는가?"

베니스 | 그들은 너무 자주 그래요.

타운센드 | 왜 우리는 일을 잘 못하는 사람을 구석진 사무실에 놓는가라는 의문을 제기하고 싶습니다. 왜냐하면 저는 그 점이 우리가 가장 크게 잘못하는 문제의 근원이라고 생각하기 때문입니다. 또 다른 질문은 당신과 제가 동의한 것처럼, 왜 조직이 사람들을 형편없이 이끌어 좌절하게 만드는지 의문입니다. 또 우리가 이 한 가지 문제를 해결하거나 적어도 어느 정도 문제를 분명히 하면, 사람들은 언제쯤에나 좌절하지 않아도 되는가 하는 것입니다. 제가 내부의 경영진으로서 회의에 참석하면 제가 할 수 있는 일은 이렇게 말하는 것입니다. "저는 후보자가 아니기 때문에, 제가 말하는 것은 저에게 유리한 말이 아니고 객관적이라고 생각하셔도 무방합니다. 저는 우리가 세 수준, 즉 회사의 세 계층 사람을 고려해야 한다고 생각합니다. 이 회의실에 있는 사람, 이 회의실에 있는 분들에게 보고하는 사람, 그 아래에 있는 사람들까지 고려해 보십시오!" 그리고 광범위한 후보자 목록을 얻어 그들의 이력을 보고, 그들을 위해 일하는 사람들과 이야기를 나누고, 그들을 인터뷰하며, 회사를 위한 그들의 비전이나 현재에 대한 만족이나 불만을 알아보고, 좀더 광범위한 후보자 목록을 공개하는 겁니다. 왜냐하면 우리는 앞으로 5년이나 10년 동안 우리를 이끌 사람을 찾으면서 최대한 광범위하게 모색했다고 확신하고 싶기 때문입니다.

베니스 | 우리를 곤경에 빠뜨리는 것이 바로 '분명한 선택' 이라는 논리입니다. 왜냐하면 분명한 선택이라는 논리는 보통 복제인간과 괴물을 말하기 때문이죠. 당신이 제기한 문제에 대한 당신의 대답은 정말로 철저하게 분석하기 위한 것입니다. 또한 향후 5~10년 안에 조직이 직면할 도전을 표면화하는 것이죠. 그리고 내부 집단의 세 계층에서

도 적당한 사람을 찾거나 찾지 못할 수도 있습니다. 일을 시켜보지 않는 이상 말이죠.

제가 그런 상황에서 사람들에게 전화를 걸어 적절한 사람인지 아닌지를 물어보았는데, 정말 문제가 많았습니다. 그런 질문이 무슨 도움이 되겠습니까. 저는 우리가 직면하거나 다루어야 할 도전은 그 수많은 후보자도 다룰 수 있는 것이라고 확신하고 싶습니다. 물론 그렇다고 항상 확신하는 것은 아닙니다. CEO가 이런 문제에 너무나 많은 영향력을 미치고, 자신의 복제품 같은 사람의 편을 드는 경향이 있기 때문이죠. 제 경험으로 볼 때 대부분의 리더는 자신의 결함을 보완할 사람 대신 자신과 비슷한 사람을 선택하는 경향이 있더군요.

저는 리더에는 두 종류가 있음을 깨달았습니다. 하나는 자기 자신을 그대로 반영하는 반사경 같은 사람을 고르는 사람이고, 다른 하나는 자신의 결함을 보완하는 보완자를 고르는 사람입니다. 보완자를 고르는 사람은 이렇게 말합니다. "저는 제가 잘하지 못하는 부분을 메워줄 사람을 선택하고 싶습니다." 그러나 그런 사람은 많이 발견하지 못했습니다. 자신을 복제한 듯한 사람이나 괴물을 찾는 사람을 너무나 많이 보았습니다.

타운센드 | 제 생각에 그것은 비즈니스를 즐기고, 존중하며, 일하는 것을 사랑하는 리더가 필요하다는 말인 것 같습니다. 노인이 되어서도 업계에서 여전히 존경받는 로저 밀리켄(Roger Milliken)과 아주 비슷하죠. 그는 비즈니스를 사랑합니다. 제네비에브 고어(Genevieve Gore)도 여전히 일하고, 비즈니스를 사랑하는 경영자이지요.

베니스 | 당신은 정말로 비즈니스를 사랑해야 합니다. 하지만 비즈니스를 사랑하기 위해서는 정말로 비즈니스를 알아야 합니다. 투자금융 전문가로서 언제 매각하고 투자해야 할지 아는 사람과 경영자 사이를 오락가락하는 경영자가 너무 많습니다. 그건 리더십이 아니지요. 숫자가 늘어나는 즐거움으로 춤을 추고, 자신을 중요한 사람처럼 보이게 만드는 비즈니스 전문용어나 사용하는 사람일 뿐이죠.

타운센드 | 그리고 그들이 비즈니스를 사랑하지 않으면, 리더십이 필요로 하는 활력, 즉 개인에 대한 활력의 요구를 이겨내지 못할 것입니다. 그 말은 공급업자를 사랑하고, 직원을 사랑하며, 고객을 사랑하고, 아침에 사무실에 도착할 때까지는 참지 못하는 걸 의미합니다. 제 생각에는 그것이 요구인 것 같습니다.

베니스 | 재미있네요. 제가 대학 총장으로 있었을 때와 관련해서, 제가 유일하게 대답하는 데 애를 먹었던 질문이 있어요. 제가 하버드대학에서 강의하고 있을 때 교육학과 부장 폴 일비사케르가 난처한 질문을 했죠. "당신은 이 대학을 충분히 사랑하십니까?" 제가 관료제와 싸우고 있다는 말을 할 때 제 목소리에서 묻어나는 우울한 톤에서, 제가 그 대학을 사랑하지 않음을 알 수 있었던 거죠. 저는 그때는 그런 사실을 몰랐습니다.

경영자에게 어떻게 충고해야 할까요? 그 충고는 CEO에게는 할 필요가 없지만 경영자에게는 해야 합니다. 스트레스와 힘든 일에 대처하는 방법에 관해 해줄 수 있는 충고는 무엇입니까?

타운센드 | 글쎄요. 기력이 쇠약해졌을 때 어떻게 대처해야 하느냐는 질문에 제 대답은 직장의 모든 계층에게 적용할 수 있을 겁니다. 우리는 배터리를 재충전하고 다른 일로 복귀하기 위해 안식일 같은 사치품을 제공받거나, 퇴직이나 비상근 근무 같은 사치품을 제공받아야 합니다. 부회장이 홍보활동을 하기 위해 모든 연설을 도맡고, 모든 적십자 활동, 지방 병원기금 모금 운동에 참여하며, 모든 외부 위원회의 의장직을 맡을 수 있겠죠.

베니스 | 그리고 당신은 홍보부 직원을 이동시킨 후에, 과로에 지친 CEO를 홍보부서에 성공적으로 밀어넣게 될 것입니다.

타운센드 | 아니오! 부서는 따로 없습니다. 그가 바로 홍보부서 자체이니까요. 그리고 그는 아무도 고용할 수 없어요.

베니스 | 그렇군요.

타운센드 | 홍보를 맡는 사람은 바로 그와 비서입니다. 우리가 하고 싶은 것은 그를 재충전시키는 일입니다. 그렇지만 불행히도 우리가 자주 하는 것은 그가 횃불을 들고 있는 순간에 그에게 사치품이 넘치게 하여 기분전환하게 만드는 것입니다. 그것은 횃불을 들고 있는 그를 수영장에 던져넣고 왜 횃불이 꺼졌는지 의아해하는 것과 같습니다.

베니스 | 직원을 재충전시키라는 아이디어가 마음에 들기 때문에 그와 관련하여 몇 가지 덧붙이고 싶습니다. 그리고 제가 그 대학에서 좋

아했던 한 가지는 안식년이라는 개념이었습니다. 저는 그들이 더욱더 자주 그리고 짧은 기간에 안식일을 갖게 해야 한다고 생각하지만 말입니다.

애플 컴퓨터의 전 CEO 존 스컬리(John Sculley)는 석 달쯤 쉰 적이 있습니다. 그는 팩스조차 가져가지 않고 메인 주에서 조금 떨어진 섬으로 갔습니다. 그는 17주 휴식기간에 애플이 어떤 회사인가에 관한 전체적인 개념을 다시 형성했습니다. 자신이 얼마나 더 오래 회사에 머물지 생각했고, 회사 전체에 대해 다시 생각해 보았습니다.

디지털 사의 사장 켄 올슨(Ken Olsen)도 해마다 여름에는 친구 여섯쯤과 함께 카누 여행을 떠납니다. 그 친구 가운데 디지털에서 온 사람은 아무도 없습니다. 그들은 열흘 정도 떠나 있습니다. 제가 좋아하는 대학 운영자들인 낸 코핸(Nan Keohane)이 웰슬리대학의 총장이었을 때(지금은 듀크대학 총장) 1년을 쉬었습니다. 그녀는 스탠퍼드대학으로 가서 1년 동안 많은 생각을 했습니다. 학부장에게 1년 동안 임시 총장을 맡아달라고 부탁하고 갔던 것입니다. 그녀는 완전히 새로운 영감을 얻어 전혀 다른 사람이 되어 돌아왔습니다.

또한 저는 모든 경영자에게 반성하는 시간을 갖기 위해 일기를 쓰라고 권고했습니다. 그리고 당신이 CEO일 때는 항상 '너무나 현재적'이기 때문에 현재에서 벗어나 봐야 합니다.

한편 리더의 자질 가운데 지위에 자부심을 갖지 않는 것이 정말로 중요합니다. 당신의 일에만 자부심을 갖는 것은 치명적일 수 있습니다. 제가 여러 해 동안 재직했던 한 대학의 전임자는 퇴직한 뒤에 곧 세상을 떠났죠. 다른 많은 리더들도 자신의 자리를 양보한 뒤에 얼마 되지 않아서 심장마비에 걸리거나 죽었습니다. 그래서 저는 당신이 그 점을 사람들에게 어떻게 말할지 모르지만, 일에만 몰두할 게 아니라, 즐거움과 재미를 위한 배출구가 있어야 한다고 생각합니다.

대화의 시작 **조직의 꼭대기에 앉힐 리더는 어떻게 선택해야 할까?**

1 듣기 훈련 당신 회사에 있는 사람들이 리더를 선택하기 위해 취해야 할 모든 방법을 열거하라. 그런 다음 그들이 리더에서 찾아야 한다고 생각하는 모든 자질을 열거하라. 그리고 당신이 생각하는 리더에서 찾아야 할 중요한 자질을 모두 열거하라. 어디서 이 두 목록이 엇갈리는가? 회사에 대해 당신이 알고 있는 사실에 기초하여 다음에 어떤 사람이 선택될 것이라고 생각하는가? 어떻게 하면 선택 과정에서 긍정적인 영향을 미칠 수 있는가?

2 경영 평가 당신 회사의 경영진은 얼마나 자주 쉴 시간을 갖는가? 당신은 그들이(또는 당신이) 자신에게 항상 새로운 아이디어를 공급하고 지속적으로 회사에 대한 관심을 나타낸다고 생각하는가? 그들은 안정된 생활양식을 실천하는가, 아니면 사무실에서 많은 시간을 보내는가? 이것이 다른 사람들에게 미치는 영향은 무엇인가? 안식일에 대한 회사의 정책은 무엇인가? 지금이 그 정책을 바꾸기 위한 좋은 시기인가?

WARREN BENNIS

제 11 장

진정한 리더 만들기

리더는 어떻게 다른 리더를 키울까?

리더를 어떻게 키우라고 얘기할까?

ROBERT TOWNSEND

사람들은 자극을 받고 활력을 얻을 수 있는 업무 환경에서 더 많은 성과를 내고 일을 더 잘할 수 있다. 이런 환경에서 리더는 추종자를 이끌어갈 수 있게 도울 수 있다. 이 장에서는 어떻게 리더십을 향상시키고, 이른바 '리더 육성자'가 될 수 있는지 설명한다. 리더 육성자는 추종자들이 커리어를 계발할 수 있게 도움으로써 신뢰와 존경을 얻는다. 리더 육성자는 리더십을 억제하기보다 촉진하는 기술을 실행한다. 또한 리더 육성자는 자신이 육성한 리더가 좀더 많은 책임이 따르고 더 좋은 위치로 가는 걸 봄으로써 보상을 받는다. 당신이 이 책에서 논의되는 새로운 리더가 되는 과정에 있다면, 이미 조직을 전환하기 위해 특

리더는 어떻게 다른 리더를 키울까?

타운센드 | 저는 부하 직원이 어떻게 리더가 되는지에 대해 할 말이 있습니다. 부하 직원은 유대교와 기독교 교리를 따라 살아갈 것이라는 각오를 해야 합니다.

지금 이 말은 케케묵은 것처럼 들리겠지만, 어떤 사람이 어떤 조직에서 갤리선(노예나 죄수들이 노를 저어 움직이는 2층의 돛단배)의 노예처럼 전락했다고 가정합시다. 그리고 지하 2층에 있는 비밀 공간에서 자신에게 보고하는 다섯 명을 이제 막 할당받았다고 합시다. 그때 그녀는 이렇게 말하겠죠. "저는 다른 사람을 도울 겁니다. 저는 부하 직원 다섯 명에게 얼마를 덜 줄 수 있는지 알아보는 대신 그들이 얼마를 벌 수 있는지 볼 것입니다. 저는 그들에게 존경과 신뢰를 얻을 것입니다. 또 그들이 뛰어난 사람이라는 게 우리 조직을 떠날지도 모른다는

별한 역할을 수행할 수 있는 리더를 만들어내고 있는 것이다. 낮은 단계에 있는 리더를 육성하는 것은 리더의 임무가 아니라 의무이다. 리더 육성자 가운데 단연 최고는 멘토가 되는 것이다. 많은 훌륭한 리더들은 이런 특별한 관계를 맺고 있으며, 새롭게 등장하는 리더에게는 멘토를 빨리 찾는 것이 중요하다. 이때 적절한 멘토를 고르고, 어떤 상황에서도 많은 것을 배울 수 있는 스폰서 체계를 갖추기 위한 기술이 있다.

– 워렌 베니스

걸 의미하면, 저는 그들이 우리 조직에서 무엇을 이끌어내고 싶어하는지 알아내려고 노력할 겁니다. 그리고 그들이 모두 나보다 더 높은 계급으로 승진하면, 저는 제 자신이 대단히 성공한 사람이라고 여길 것입니다. 저는 계속해서 그렇게 할 것이고, 그 일을 더 잘 해서 제 밑에서 일하던 25명이 부사장이 되면, 누군가 제 어깨를 두드리며 '당신이 해야 할 더욱 즐거운 일이 있어요!"라고 말할 것이라고 확신합니다.

베니스 | 저는 최소한 이 나라에서 상위 300개 기업과 이야기했다고 생각합니다. 그런데 그 회사 가운데 리더를 육성하는 사람에게 보상하는 회사는 한 군데도 없었어요. 저라면 그들이 회사를 그만두게 내버려두지 않을 겁니다.

타운센드 | 저는 리더를 육성하고, 리더를 만들고, 자신은 결코 승진하거나 지위를 높이지 못하는 사람을 지칭하는 단어가 있어야 한다고 생각합니다. 영어가 더 뛰어난 언어였으면 하는 생각이 드는군요. 우선 그들을 '리더 육성자'라고 부르고 큰 보상과 함께 매우 큰 칭호를 만들어 봅시다.

베니스 | 더 나은 단어는 없을까요? 어떤 단어가 있을까요? 코치는 아닙니다. 멘토도 아니에요. 그런데 리더 육성자는 좀 어색합니다.

타운센드 | 아니에요.

베니스 | 한 단어로 만들어 보세요.

타운센드 | 나원 참, 제가 지금 그 단어를 만들어냈는데 그게 마음에 안 든다면서요.

베니스 | 좀 어색하거든요.

타운센드 | 여보세요. 당신은 제 자존심을 건드렸어요.

베니스 | 많은 분이 저에게 조직의 사회적 건축가인 CEO가 좀더 리더십을 기르고, 더 나은 리더십을 성장시키기 위해 충고나 조언을 부탁해옵니다. 이때 몇 가지 사항이 고려되어야 합니다. 리더십 성장을 촉진하는 요인과 억제하는 요인 말입니다. 그 점을 말하겠습니다.

우리가 반드시 기억해야 할 첫 번째 사항은 특히 신입사원이 처음 입사했을 때, 그들에게 과제를 할당해야 한다는 것입니다. 그들이 처음으로 하는 일은 대부분 아주 지루하고, 제한적이며 억제된 일이기 때문입니다. 그들에게 도전할 과제를 할당하지 않으면, 그들은 입사 초기부터 경화됩니다. 그렇지만 당신이 직원들에게 마음껏 일하게 하고 다양한 차원에서 성장하게 돕는다면, 저는 당신이 리더를 육성하기 위한 다리를 하나 놓았다고 생각합니다.

두 번째 사항은 가능한 한 많은 역할모델에 노출되게 하는 것입니다. 왜냐하면 사람은 훌륭한 리더에게서 배우는 것처럼 나쁜 리더에게서도 배우기 때문입니다. 다다익선이죠. 사람들이 다양한 리더를 보고 관찰할수록, 그들의 성장에는 더욱 좋습니다. 맥콜(M. W. McCall)과 동료의 연구에 따르면 사람은 극단적인 방식으로 행동하는 상사에게 더 많은 것을 배운다고 합니다.*

관계가 매우 편해지고 상사가 정말로 느긋해질 때가 사람들이 배우려 하지 않을 때입니다. 극단적인 상사는 모든 방법으로 부하 직원이 성장하게 압박합니다. 그리고 부하 직원이 그런 시각적인 역할모델과 더 많이 접촉할수록 더 많이 배울 수 있습니다.

세 번째, 태스크포스팀의 우두머리가 될 사람을 임명하십시오. 그는 벽지 색이나 사무실 크기를 결정하기 위한 무의미한 태스크포스팀의 우두머리가 아닙니다. 매우 명백하고 조직의 목표와 관련된 정말로 중요한 태스크포스팀이어야 합니다. 그 사람들에게는 계층적인 권

* M. W. McCall, M. M. Lombardo, A. W. Morrison, 『경험이 주는 교훈들(The Lessons of Experience)』(뉴욕 렉싱턴북스, 1988년 발행) 참조.

위가 미치지 않는 집단을 담당하게 하십시오. 그렇게 하면 사람들은 많은 것을 배울 것입니다. 다시 말해, 사람들을 계속 시험하고, 계속 위험에 빠뜨리며 계속 활개를 치게 하십시오. 코치들이 말하는 것처럼 움츠리는 게 아니라 활개를 치게 하세요. 그런 조직이 바로 리더를 육성합니다.

리더십을 억제하는 것은 너무나 많은 조직이 만들어내는 이동의 연속입니다. 그 가운데 하나가 바로 직원들에게 전술적인 폭이 좁은 일을 계속하게 하는 것이죠. 그러면 그들은 단기적이며 전술적으로 치우친 의사결정을 하게 되고, 장기적이거나 전략적인 목표를 절대로 개발하지 못합니다.

리더십을 억제하는 두 번째 요소는 수직적인 지위 이동만 있는 것입니다. 제가 알고 있는 최고의 조직들이 지속하는 일은 수평적인 지위 이동을 많이 한다는 것입니다. 세계에서 가장 큰 제약회사 글락소나 아르코 운송회사는, 조직의 상층부로 올라가기 전에 그 조직의 모든 부서에서 극히 중대한 역할을 수행해야 합니다. 연구실에도 있어야 하고, 영업사원도 해야 하며, 기획 업무도 해야 하고, 생산 업무도 해야 하며, 유통 업무도 경험해야 합니다. 글락소 조직에서 최고 수준의 지위로 이동하기 전에 참여할 필요가 없는 직무는 하나도 없습니다. 이제 수직적인 이동만으로는 문제가 있다는 걸 아시겠죠. 수직적인 이동은 A라는 일이 B라는 일의 예비 과정이고, B라는 일은 C라는 일의 예비 과정일 경우에는 괜찮을지 모릅니다. 그러나 조직은 그렇게 합리적이지 않고 그렇게 일직선적인 구조가 아닙니다. 재무를 예로 들어보겠습니다. 재무 업무의 가장 낮은 단계는 경리입니다. 맨 위로 올라가면, 합법적인 도박에 참여하는 것과 마찬가지가 됩니다. 이런 일을 하기 위해 필요한 요구의 종류는 완전히 다릅니다.

타운센드 | 사람들이 이렇게 수평적인 이동을 하고 난 뒤에는 그 지위에 얼마나 머무를지 아주 구체적으로 집어주셔야 할 것 같습니다. 왜냐하면 예리한 사람이 CEO가 되면 "이런, 여섯 달 동안만 직원들이 서로 일을 바꿔 새로운 일을 해야 하겠습니다"라고 할 것이고 직원들이 하는 일은 좋은 일이 되기보다는 손해가 될 것이기 때문입니다.

베니스 | 전적으로 동의합니다. 사실상 저는 리더십 억제에 시기상조의 진급에 관한 생각을 집어넣으려고 했습니다. 너무 급한 이동은 리더십을 억제하는 또 다른 방식입니다. 그렇지만 그것은 사람들이 장기적으로 생각하거나 장기간 자신의 활동의 영향을 학습하는 데 도움이 되지 않습니다. 또한 시기상조로 진급시키거나 사람들을 너무 빨리 이동시키는 것은 일종의 속임수를 쓰는 행동방식을 조장할 수 있습니다.

그리고 마지막으로, 또 다른 억제제는 단기 성과에만 입각한 측정이나 보상이며, 그것이 바로 우리가 없애버리고 싶은 것입니다. 그러한 평가 방법은 사람들이 직무에서 경영 측면에만 주의를 기울이고 리더십 측면은 무시하도록 조장합니다.

그러한 사항은 제가 사회적 건축가일 경우나 리더에게 조언을 줄 경우, 리더들을 기르고 육성할 수 있는 환경을 조성하기 위해 무엇을 해야 하는지 조언할 경우 제가 조심해야 할 사항입니다.

타운센드 | 그렇지만 그러한 사실에 대해 어떤 것도 메모를 남기지 마

십시오. 그냥 그렇게 하십시오. 석 장 분량의 메모를 남길 필요도 없거니와, 설상가상으로 인사과에게 대체 훈련에 관해서 모조가죽으로 장정한 열 장 분량의 서류를 만들게 할 필요도 없습니다. 조직을 잠들게 하고 싶다면, 그것이 그 방법이 되겠지만 말이죠.

베니스 | 서류를 작성한 사람 말고 누가 그 서류를 읽겠습니까?

타운센드 | 제 말이 그 말입니다.

대화의 시작 리더는 어떻게 다른 리더를 키울까?

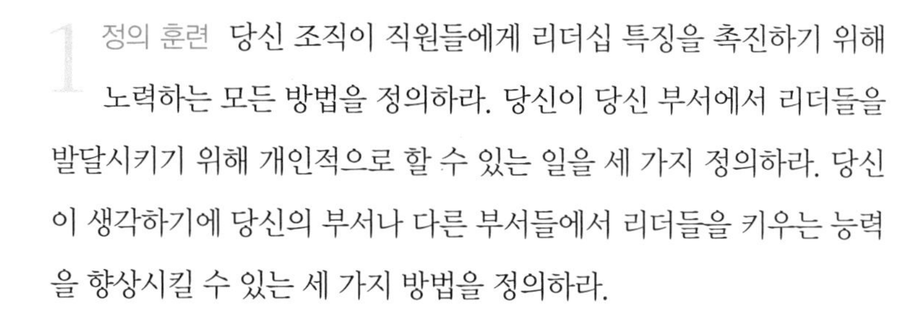

1 정의 훈련 당신 조직이 직원들에게 리더십 특징을 촉진하기 위해 노력하는 모든 방법을 정의하라. 당신이 당신 부서에서 리더들을 발달시키기 위해 개인적으로 할 수 있는 일을 세 가지 정의하라. 당신이 생각하기에 당신의 부서나 다른 부서들에서 리더들을 키우는 능력을 향상시킬 수 있는 세 가지 방법을 정의하라.

2 가상의 대화 만약에 경영진이 모든 직원을 한자리에 불러 모아 그들이 수평 진급하기로 결정했다고 말하면 어떻게 될까? 즉 모든 사람이 위의 지위로 이동하는 대신에 회사의 다른 지위로 이동하는 것 말이다. 그것이 회사에 어떤 이익을 가져다줄까? 그것이 회사에 어떤 해를 끼칠까? 이러한 정책이 몇 년에 한 번씩 실시되어, 10년에 두 번씩 일어난다면 어떻게 될까? 그것이 당신이 미래의 직원을

면접하는 방식을 변화시킬까? 그것이 당신이 기여와 성과를 측정하는 방식을 변화시킬까? 어떻게 변화시킬까? 그것이 회사 충성도를 향상시킬 것이라고 생각하는가? 사원들은 기술을 확장시키고 싶어할까, 아니면 자신의 친숙한 지위를 잃는 데 대해 분개할까?

리더를 어떻게 키우라고 얘기할까?

베니스 | 첫째로, 우리는 잠재적인 리더를 식별하고 나서 그들에게 보상할 방법을 찾아내야 합니다. 왜냐하면 정말로 좋은 코치는 정작 최고의 리더가 되지 못하는 경우가 종종 있기 때문입니다. 최고의 테니스 코치가 꼭 최고의 선수는 아니잖아요. 분명 훌륭한 야구 감독 가운데 마이너리그에서만 뛰었던 사람도 많이 있습니다.

조직이 가장 먼저 해야 할 일은 이런 사람이 누구인지 인식해서, 그들에게 정말로 보상을 하고, 그들을 칭찬하며, 명예의 전당에 올리는 것입니다. 아주 간단한 일이지만, 그렇게 하는 조직은 보지 못했습니다.

타운센드 | 저도 그렇습니다. 그냥 주위를 둘러보아도 누가 다른 회사에게 리더를 뺏기고, 어떤 사람의 부하 직원이 승진하는지 보는 것은 어렵지 않습니다. 리더 육성자는 그다지 호감을 주는 인상이 아니거나, 그다지 말을 조리 있게 하지 않는 등의 이유로 눈에 띄지 않아서 그냥 지나치게 되는 사람일지도 모릅니다. 아니면 사람들의 주의를 끄는 사람이 아닐지도 모르고요.

베니스 | 네, 그렇군요.

타운센드 | 그리고 위험을 무릅쓰면 창의성 보상이 이루어지는 환경에서 모든 사람은 일하러 올 때 신바람이 납니다. 리더 육성자가 어떤 사람인지는 상관없습니다. 사무실에서 그런 상황이 일어나고, 그녀가 담당자를 맡고 있으면, 그녀가 바로 리더 육성자입니다. 그것이 바로 당신이 알아야 할 사실의 전부이고, 한 조직에서 당신이 기대해야 하는 것의 전부입니다. 제 말씀은, 그들은 모두 당신이 말한 것처럼 위험을 떠맡고, 이런 위험을 무릅쓰는 행동을 필요로 하며, 그런 일이 더 많이 일어났으면 좋겠다고 바란다는 것입니다. 그러니까 어떤 사람이 그런 식으로 행동하면 그들은 일반적으로 위험을 감수합니다.

베니스 | 저는 제게 멘토가 있는 게 정말 행운이었다고 생각했습니다. 그러나 저는 후에 제가 그들을 선택하는 데 활발하고 적극적임을 깨달았습니다. 제가 선택받을 때까지 그냥 기다리지 않았습니다. 저는 용기를 내어 이렇게 말했습니다. "저는 정말로 더글러스 맥그리거와 함께 일하고 싶습니다. 저는 정말로 에이브러햄 매슬로와 함께 일하고 싶습니다. 저는 정말로 칼 로저스와 함께 일하고 싶습니다." 저는 훌륭한 생각을 하는 사람을 붙잡을 수 있었고 적극적으로 노력했습니다. 그리고 이는 제가 어떤 커리어를 시작할 때 가장 먼저 하는 말입니다. 비즈니스에 대해서만 말하는 게 아니라, 다른 직업에 대해서도 말하는 것입니다. 당신은 함께 할 수 있는 최고의 사람과 일하십시오.

타운센드 | 당신은 활동적이고, 논리 정연하며, 지적이고, 흥미를 느

끼는…

베니스 | 계속하세요.

타운센드 | 또한 행동과학 박사 학위가 있고, 매슬로와 잘 아는 사이더군요.

베니스 | 그래요.

타운센드 | 맥그리거와 연락할 수 있고, 칼 로저스와도 연락할 수 있겠군요. 어떤 사람이 "저는 잭 웰치와 일하고 싶습니다!"라고 한다고 가정해 보세요. 대체 어떻게 그가 GE를 위해 일하게 될 것이며, 그렇게 된다 하더라도, 어떻게 그가 그 회사에 간 목적인 잭 웰치의 주목을 받을까요?

베니스 | 음, GE라면 '내가 가장 많은 걸 배울 수 있는 떠오르는 스타가 누구인가?' 라고 말해야겠군요. 저는 상승가도를 달리고 있고, 제가 생각하기에 많은 것을 배울 수 있는 더욱 젊은 직원을 목표로 할 것이며, 어떻게 하면 그들과 연결될 수 있을지 생각할 것입니다. 리더 육성자 한 사람만 조직에 씨를 뿌리는 것이 아니라, 될 수 있는 한 많은 리더 육성자가 조직에 있어야 한다고 생각합니다.

타운센드 | 제가 일을 계속해야 한다면, 저의 업무 경험에서 최대한 많은 것을 배우기 위해, 몇 년쯤 소기업에서 일한 다음 대기업을 찾아가

몇 년 동안 일하는 것입니다. 멘토로 가득 찬 훌륭한 회사인지, 세상에서 최악의 회사인지는 개의치 않고 말입니다. 당신이 지적했다시피, 세상에서 최악의 회사는 훌륭한 학습 장소가 될 것입니다.

다시 고어 사 얘기로 돌아갔네요. 당신과 제가 고어 회사에 참가한 유일한 방식은 우리를 후원할 동료를 찾는 일입니다. 당신이 거기서 일을 시작했을 때 90일 동안 당신의 발전을 지켜본 후원자가 있었습니다. 당신이 거래했던 다른 사람들과 함께, 후원자는 90일의 마지막 날에 당신이 동료가 될지, 해고될지 결정합니다. 일단 당신이 동료로 그곳에 있으면 자유롭게 다른 사람의 동의 아래 후원자를 고를 수 있습니다. 그래서 당신은 그 회사에서 상담하거나 아이디어를 토론할 수 있는 후원자를 두세 명 둘 수 있습니다. 그리고 마지막으로 고어 체계에서, 리더는 '당신에게 도움이 필요할 때 의지할 수 있는 사람' 으로 정의됩니다. 빌 고어가 '격자 조직(lattice organization)' 으로 묘사한 그런 부류의 회사에서 당신은 다양한 사람에게 의지할 수 있습니다.

베니스 | 그거 좋군요. 고어만큼 발달하지 못한 회사도 무척 많을 겁니다만, 아서 리틀 같은 회사나 다른 많은 컨설팅 회사도 고어처럼 일합니다. 사람들은 성공적인 프로젝트를 할당받은 당신, 즉 리더에게 배울 수 있음을 알기 때문에 당신과 함께 일하려고 합니다. 제 생각에 그런 상황은 구조적인 방식이라기보다는 오히려 자연스럽게 부하 직원을 발전하게 한다고 생각합니다. 그리고 그 일을 신나게 하는 사람에게 그것을 보고할 때 어떤지 아시잖아요. 저는 고어의 방식처럼 상호 기능하며 열정을 갖고 일하는 사람으로 구성된 조직을 더 많이 보고 싶습니다.

대화의 시작	리더를 어떻게 키우라고 얘기할까?

1 브레인스토밍 대화 조직들이 리더 육성자를 인정하고 보상할 수 있는 몇 가지 방법을 브레인스토밍할 수 있는가? 당신의 조직에서는 어떤가? 부하 직원이 리더 육성자의 승진을 추천할 수 있는 방법을 생각해볼 수 있는가? '올해의 리더 육성자 상' 은 어떤가?

2 정의 훈련 리더 육성자와 멘토의 차이점은 무엇인가? 훌륭한 멘토와 별로인 멘토의 차이점은? 당신의 조직에서 멘토를 찾을 수 있다고 생각하는가? 조직의 외부에서는 어떠한가? 멘토링을 부탁할 수 있는 최고의 방법을 한 가지 예시하라. 당신은 다른 사람들이 당신에게 어떻게 접근하면 좋겠는가?

WARREN BENNIS

제 12 장

훌륭한 리더 선택하기

훌륭한 리더는 어떻게 선택해야 할까?

리더십에 관해 덧붙이고 싶은 것은?

ROBERT TOWNSEND

리더. 그들은 자신을 관리하고, 다른 사람에게 영감을 주며, 미래를 창조한다. 그들은 질문을 많이 갖고 있고 쉬운 정답을 알고 있다. 그들은 탐구하고, 꿈꾸며, 지칠 줄 모르게 사람들을 믿는다. 그들은 기꺼이 위험을 감수하며, 신속하고, 덕이 있으며, 비전을 위해 뛰어난 능력을 발휘한다. 리더는 사태를 있는 그대로 바라보려 하며, 거기에 대비하려고 한다. 당신이 능력과 양심이 회복되어야 한다고 생각하면 반드시 둘 다 보여주어야 한다.

이 장에서는 리더를 선택하기 위한 '베니스 테스트'와 '타운센드 테스트'를 배운다. 당신은 조

훌륭한 리더는 어떻게 선택해야 할까?

타운센드 | 리더를 선택할 때 선택해야 할 사람에는 대체로 네 종류가 있습니다.

첫 번째, 지나치게 야심에 찬 유형으로, 언제나 사람의 이목을 끌고, 아첨꾼이며, 승진에 성공하는 경우가 많습니다. 이런 유형을 회사에서 고르는 것은 최악의 선택입니다. 이러한 유형의 사람은 권력을 원하며, 권력을 필요로 하고, 권력 없이는 살 수 없습니다. 권위주의자이며, 까다롭고, 배려심이 별로 없습니다. 이런 사람에게는 항상 이런 질문을 하십시오. "이 후보자는 직원들이 회사의 목표를 추구하면서 활기차고 활력이 넘치며 창의적으로 만드는 데 도움을 줄 것인가?" 그 사람의 동료와 부하 직원에게 그와 함께, 그리고 그를 위해 일하는 것이 어떠한지 얼굴을 마주 보고 물어보십시오.

직에서 야망 있고 유능하지만, 지나치지 않는 사람을 찾는 것이 왜 중요한지 배울 것이다. 당신은 또한 최종 선택을 하기 전에, 잠재적인 리더가 함께 일하게 될 사람들과 상의하는 것이 중요함을 배울 것이다. 마지막으로, 리더십 기술을 실천할 때 기억해야 할 몇 가지 중요사항을 제시한다.

– 로버트 타운센드

두 번째, 한 분야에 전념하며 조직에서 일하는 과학자나 전문가입니다. 이런 사람은 성가신 경영 따위에 들일 시간이 없고, 그 일을 맡으려 하지도 않을 것입니다. 만약 그가 그 일을 떠맡으면 그 일을 잘하지 못할 것입니다.

세 번째, 훌륭하고 믿음직스러운 월급쟁이가 있습니다. 그들의 우선순위는 가족이 첫째고, 그 다음이 외부에 대한 관심사이고, 마지막으로 일입니다. 9시부터 5시까지는 일을 매우 잘하지만, 그의 마음은 일주일에 80시간을 일하거나, 자신의 삶을 송두리째 바꾸게 될 리더에 가 있지는 않다는 겁니다.

네 번째, 지나치게 야망이 넘치지 않으면서 지적인 사람입니다. 그는 권력 없이도 편하게 살 수 있습니다. 그를 대해야 하는 모든 사람이 그를 존경합니다. 그는 정말로 이리저리 날뛰지 않을 것입니다. 이런 사람은 이렇게 말할 것입니다. "누군가 이 일을 해야 하기 때문에 제가 하겠습니다." 이 마지막 유형의 리더는 매우 훌륭하며 최고의 선택이 될 것입니다.

베니스 | 저는 후보자, 즉 잠재적 리더에게 묻고 싶은 질문을 개발했습니다. 저는 심리학적인 검사를 그리 많이 믿지는 않지만, 그 검사에는 더 나은 리더 선택방법을 이해하고 선택하는 데 상당히 유용한 질문이 몇 가지 있다고 생각합니다. 예를 들겠습니다. 다른 사람이 변하는 데 도움을 주려고 애썼던 경험을 이야기해 보십시오. 당신은 어떤 전략을 사용했습니까? 그 전략은 결국 어땠습니까? 당신에게 가장 힘들었던 일이나 가장 쉬웠던 일을 말해 보십시오. 난국에 대처하기 위해서 거대한 장애물을 극복해야 했던 경험을 이야기해 보십시오. 당신이 가장 많이 존경하는 사람과, 가장 그렇지 않은 사람을 이야기해 보십시오. 어떤 일을 하기 위해 노력했지만 실패한 경험을 이야기해 보십시오. 나쁜 일이 일어났던 경험을 이야기해 보십시오. 사람을 대하면서 실수했던 경험을 이야기해 보십시오. 마지막으로 큰 변화를 만들었던 경험을 이야기해 보십시오. 왜 그렇게 했습니까? 그 변화는 어떤 효과가 있었습니까?

이제 우리는 예의바른 질문을 생각해볼 수 있습니다. 저는 또한 대부분의 조직이 사람을 평가하기 위해 사용하는 다섯 가지 기준에는 기술적 역량(technical competence), 대인관계 기술(people skills), 개념적 기술(conceptual skill), 판단력(judgment), 인격(character)이 있다고 덧붙여 말씀드리고 싶습니다. 그리고 말이 난 김에, 회사들이 이런 사실을 인정하든 말든 회사들이 의지하는 기준은 거의 항상 마지막 두 가지입니다. 저는 기술적 역량이 없다고 해서 맨 위의 지위를 얻지 못했다는 사람을 본 적이 없습니다. 때때로 대인관계 기술을 보고 평가하기도 하지만, 대부분은 판단력과 인격인 경우가 많습니다.

타운센드 | 저희는 기업가나 소기업이 아니라 주식회사와 사업체에 대해 이야기하는 중입니다. 그리고 이러한 질문을 받는 후보자들은 모두 조직에서 일하고 있지 사외사람이 아니라고 생각합니다. 제가 처음으로 물어볼 질문은 이런 것입니다. 당신이 이 조직에 대해 불만을 느끼는 부분은 무엇입니까? 변화를 위해 노력할 때 당신이 가장 우선으로 두는 것은 무엇입니까? 지금부터 5년 동안 이 조직이 어떻게 되었으면 좋을지, 개인적 입장을 떠나 당신이 생각하는 비전을 말하십시오. 마지막으로, 그 비전을 달성하기 위해 당신은 어떤 계획이 있는지 대략적인 생각을 말씀해 주십시오.

어떤 후보자가 진지한 사람이고 10년 동안 그 조직에서 근무했다고 칩시다. 그런데 그런 사람이 지금부터 5년 동안 그 회사가 어떻게 될지 비전을 가지고 있지 않으면, 그 사람은 후보자가 못 됩니다. 그녀는 회사에서 자신이 싫어하는 것을 모두 보았고, 참지 못하는 것을 모두 보았으며, 잘못된 방향으로 인솔받고 있다고 생각되는 사람을 모두 보았습니다. 그녀에게 그 질문에 대해 생각할 수 있는 시간을 24시간 주면, 그 사람은 당신에게 좋은 대답을 해줄 수 있어야 합니다.

우리가 리더 선택에 대해 이야기할 때, 저는 그런 후보자와 동료로서 함께 일하는 모든 사람과, 부하 직원으로 있는 사람들, 그 사람을 위해 일해야 하는 사람 모두와 이야기를 나누면서 이렇게 말하고 싶습니다. "당신의 견해는 무엇입니까? 그들은 어떤 사람입니까? 그들을 위해 일하는 것은 어떻습니까?" 너무 사적으로 얘기할 필요는 없습니다. "그를 승진시켜야 할까요?" 이렇게 말할 필요도 없습니다. 분명히 그런 생각은 모든 사람의 마음속에 있으니 이렇게 말하면 됩니다. "그들과 함께 일하는 것은 어떻습니까? 또는 그들을 위해 일하는 것은 어떻습니까?" 당신이 끈질기게 많은 사람에게 그렇게 물어보면, 당신은 누가 리더이고 누가 폭군인지에 대해서 상당히 분명한 그림을 얻을 수 있을 것이라 생각합니다.

이 사람은 일이 잘못되었을 때 조직을 탓하는 사람인가? 아니면 이 사람은 비난에서부터 부하 직원을 감싸는 사람인가? 사람들은 그가 물위를 걸을 수도 있다고 생각하는가? 아니면 그가 믿을 수 없고, 자리를 잘 비우며, 얼굴 보기 힘들고, 비열하며, 경영진을 속여 정상으로 올라갈 사람이라고 생각하는가? 충분히 많은 직원과 이야기해보면, 이러한 모든 것을 발견할 수 있을 것입니다.

베니스 | 그렇지만 우리가 아까 말한 다섯 가지 기준에서 빠뜨린 것이 있는데, 그것은 중요한 요인입니다. 빠진 것은 바로 고결함, 일종의 도덕과 윤리를 지향하는 태도입니다. 그리고 그것은 부하 직원들에게서 얻을 수 있는 내용입니다. 저는 하급자라는 단어를 좋아하지 않습니다. 부하 직원은 어떤가요?

타운센드 | 저는 동료가 좋습니다.

베니스 | 동료라. 네, 그거 좋네요.

타운센드 | 그런 동료들에게 "그 사람 교활하죠!"라거나 "제가 말하는

내용을 꼭 받아 적으세요!"라는 말을 들으면, 후보자 명부에서 그 이름을 지워도 무방합니다.

베니스 | 제가 말씀드릴 것은 개인적인 면담으로는 한정된 정보만 얻을 수 있다는 겁니다. 저도 면담이 정말로 중요하다고 생각하지만, 그것으로 충분하지는 않습니다.

당신과 제가 둘 다 제기하는 의문은 기본적으로 후보자의 학습 능력, 어떻게 복잡성을 처리하는지, 어떻게 불확실성을 인식하는지, 호기심이 얼마나 많은지 알아내기 위한 수단, 방법이라고 생각합니다. 그들은 분석적인 정직함과 자각을 갖고 있는가? 이러한 특징은 우리 둘 다 찾고 있는 것이라고 생각합니다. 그리고 이런 특징은 제가 어떤 암묵적인 방식으로 리더뿐만 아니라 동료와 친구들 속에서 찾는 특징입니다.

제가 흥미 있는 것은 '반성적인 실천가' 입니다. 정말로 생각하고, 행동하고, 무언가 일어나게 할 수 있는 사람 말입니다. 계속해서 배우고, 그런 방향으로 나아가는 사람 말입니다. 저는 행동 없이는 학습이 없다고 생각합니다. 정말로 어떤 걸 배우고 싶으면, 그것을 변화시키려고 노력하십시오. 그것이 바로 제가 물었던 것 가운데 하나가 "당신이 하나의 체계를 바꾸거나, 한 사람을 바꾸려고 노력했던 경험을 이야기해 보십시오"였던 이유입니다. 왜냐하면 저는 정말로 그것이 무언가 깨닫는 방법이라고 생각하기 때문입니다. 그냥 관찰하는 것만으로는 깨달을 수 없습니다. 변하도록 노력해야 합니다. 이것이 바로 '베니스 테스트' 입니다.

타운센드 | 보세요. 저는 이 논제에 대한 당신의 입장을 존중하고, CEO의 사무실로 성실성을 갖춘 사람을 넣으려고 노력하며, 그렇게 하는 당신의 말이 얼마나 옳은지는 역사가 증명할 것이라고 생각합니다. 하지만 그건 그렇고, 저는 아까 말씀드렸던 '타운센드 테스트'를 당신에게 상기시키고 싶군요.

그 일을 원하지만, 그리 많이 원하지 않는 사람을 고르십시오. 최근에 일했던 부서, 심지어 그 전에 일했던 부서의 하급자와 동료를 존경하는 사람을 고르십시오. 당신이 희망했던 사람의 50퍼센트만 닮은 사람을 골라서 그 일을 맡기십시오. 그리고 그 전에 리더의 주변이나 아래에서 일했던 모든 사람은 리더가 나머지 50퍼센트를 메울 수 있게 도우려고 단결할 것입니다. 그들은 리더가 표적을 얻었다는 걸 지각하기 때문이죠.

그 조직에서 당신이 희망했던 사람의 50퍼센트만 닮은 사람을 고르라는 이유는 당신이 성실하고 헌신적인 부하 직원이라면 50퍼센트 이상을 닮을 필요가 없기 때문입니다. 당신은 돋보이려 애쓰며, 상사를 은퇴시킬 준비가 얼마나 되어 있는지 보여주려고 애쓸 필요가 없습니다. 그건 정당하지 않고, 생산적이지 않으며, 건강하지 않습니다. 동료보다 자신을 더 낫게 보이기 위해 노력하는 것은 그들을 대하는 방식이 아닙니다. 그래서 사람들은 좀 침착해져야 합니다. 당신이 다른 사람의 존경을 받고, 50퍼센트를 닮은 사람을 찾으면, 그 사람들은 이미 90퍼센트의 역량을 가지고 있는 것입니다. 조직이 그들을 지지하면 그들은 정말 그 즉시 성장할 것입니다.

아마 우리는 앞으로 10년 동안의 대략적인 과제들에 대한 보고서를 개발하고, 회사 안에서 적어도 세 계급에게서 10명의 목록을 만들고, 앞으로 5~7년 동안 회사를 리드할 사람을 객관적으로 살펴보라는 내용을 덧붙일지도 모릅니다.

베니스 | 저는 다른 것을 덧붙일 것입니다. 저는 회사에 있는 사람들 말고 정말로 강력한 사외 투자자 한두 명쯤 회사에 참여하는 모습을 보고 싶습니다. 저는 또 그 회사의 주요 고객이 회사에 관여하는 모습을 보고 싶습니다. 저는 그런 사람이 훌륭할 것이라고 생각하지만, 그렇게 하는 회사의 사례는 아는 바가 없습니다.

타운센드 | 저도 모릅니다. 아주 훌륭한 아이디어라고 생각합니다.

대화의 시작 | 훌륭한 리더는 어떻게 선택해야 할까?

1 경영 평가 당신을 위해 일하는 사람뿐만 아니라 당신이 일해주고 있는 사람을 평가하라. 그들은 리더십의 네 가지 유형 가운데 어떤 유형인가?

- 권위주의자
- 과학자
- 성실한 월급쟁이
- 똑똑하지만 야망이 지나치지 않은 유형

그들의 리더십 유형은 리더로서의 효과성에 어떻게 영향을 주는가? 부하 직원으로서는 어떠한가? 당신은 어떤 유형인가? 당신의 리더십 유형의 변화가 당신과 함께 일하는 사람과 당신이 일해주고 있는 사람에게 어떤 영향을 미칠지 판단하라.

2 정의 훈련 워렌 베니스가 '반성적인 실천가'라고 불렀던 사람이 지닌 리더십의 특징을 정밀하게 살펴보라. 이러한 정의에 어떤 특징을 덧붙일까? 당신의 조직에서 변화는 얼마나 쉬운가? 반성적인 실천가는 조직에서 훌륭한 일을 할 수 있는가?

리더십에 관해 덧붙이고 싶은 것은?

베니스 | 생각나는 사항을 말씀드리겠습니다. 옛 말을 빌리면, 사람은 본질이자, 한 조직에서 정말로 중요하며 유일하게 소중한 요소입니다. 기본적으로 과학기술은 한 조직의 경쟁업체 사이에서마저 훌륭한 요소일 테지만, 경쟁력은 분명히 사람과 리더십입니다. 이것은 원칙입니다.

폭군이라고 알려진 루이스 마이어(Louis B. Mayer)는 재미있는 말을 한 적이 있습니다. "할리우드 영화에 나오는 모든 것은 사람입니다. 그게 우리가 갖고 있는 유일한 비용입니다. 사실 그들은 저의 재고품이죠. 그리고 저의 재고품들은 밤이 되면 집으로 돌아갑니다"라고 했죠.

두 번째 사항은 당신과 제가 정말로 동의하며 제가 원칙이라고 생각하는 사항으로서, 사람들은 관리할 수 없다는 것입니다. 사람들에게 자기를 인식하는 방법을 말할 수는 없습니다. 우리가 말했던 모든 내용은 사람들이 정말 스스로 해야 하는 일과 관련이 있습니다. 자신은 자신이 관리할 수 있습니다. 저는 다른 사람을 관리하는 데 그다지 자신이 없습니다. 우리는 장려하고, 발생시키며, 문을 열고, 보상할 수 있지만, 하느님께 맹세하건대, 변화를 만드는 데 우리가 초점을 맞춘 것이 있다면 그것은 개인의 축하입니다.

당신은 주마다 당신이 속한 집단과 회의를 합니다. 당신이 이렇게 말한다고 가정합시다. "이제 회의 시간이 30분 남았는데 저는 여러분이 몇 가지 질문에 관해 생각해보고 이번 회의 때 답하든지 다음 회의 때 답하셨으면 좋겠습니다. 우리는 지금 무엇을 잘못하고 있는가? 우리는 무엇을 해야 하는가? 우리는 5년 뒤에 어떻게 되어 있어야 하는가? 지금 이대로의 회사는 무엇이 문제인가? 우리는 적당한 직원을 얻었는가? 그들은 적절하게 보상을 받는가? 그들이 우리의 산업이나 특정한 분야에서 최고의 일을 하지 못하는 변명거리는 무엇인가?" 그리고 그 과정은 다른 사람에게 말하지 않고도, 메모를 하지 않고도 할 수 있는 과정으로, 당신은 그냥 생각하면 됩니다. 조직이 무엇이 되고 싶고, 어떻게 그것에 도달할 수 있는지 생각하게 하십시오.

행동에 치우치는 성향이 바로 베니스와 타운센드의 마지막 신조입니다. 그것은 당신이 해야 할 모든 것이고, 당신이 하고 싶고, 유지해야 하며, 행동을 통해 노력해야 하는 모든 것입니다.

저는 최근에 랍비(유대교 성직자)가 주례를 보는 결혼식에 참석했는데, 그는 아주 훌륭한 주례사를 했습니다. 그 주례사에서 가장 기억에 남는 것은 세기가 바뀔 때 러시아 혁명 전에 있었던 이야기입니다. 한 랍비가 유대교 교회로 걸어가는데 러시아 군인 때문에 가던 길을 멈

춰 섰습니다. 총을 든 군인이 퉁명스럽게 말했습니다. "너는 누구며 여기서 뭐하는 거냐?" 그 랍비는 말했습니다. "이 일을 하는 데 얼마나 받습니까?" 그러자 군인이 "20코페이카 받는다"라고 했죠. 그러자 랍비는 제안했습니다. "매일 이곳에 나를 세워두고 그 질문을 하면 당신에게 25코페이카를 드리리다."

이 원리는 우리가 많이 이야기했던 것입니다. 우리는 질문을 부추길 수 있지만, 대답을 해야 합니다.

타운센드 | 당신은 여기서 뭐하고 있으며, 당신은…

베니스 | 당신은 누구이며 여기서 뭐하고 있습니까?

타운센드 | 그리고 아직도 즐겁지 않습니까?

WARREN BENNIS

부록

당신을 극적으로 변화시킬 21일 계획

ROBERT TOWNSEND

이제 『워렌 베니스 & 로버트 타운센드, 리더를 말하다』를 다 읽었으니, 효과적이고, 직원에게 용기를 주는 리더가 되는 데 필요한 모든 정보와 해답을 갖추었다. 그러나 여전히 그 역할을 맡을 준비가 완전히 되지 않았을지도 모른다. 우리가 당신에게 많은 정보를 주었지만, 그래도 그 정보를 실제로 적용해 보아야 한다.

그것이 바로 '21일 계획'을 만든 이유다. 이것은 당신이 효과적인 리더가 되는 것에 관해 배웠

1일

시작하면서, 효과적인 리더 되기에 초점을 맞추고 있는 다음의 중요한 네 가지 질문에 대한 당신의 대답은 무엇인지 생각해보라. 정말로 시간을 들여 이러한 질문에 관해 생각해보라. 당신의 마음과 생각을 조금 파헤쳐보라. 현재 당신의 현실과 희망과 꿈 또한 고려하라. 이 질문에 대답하기 전에 당신의 강점과 약점을 평가하라. 다음 3주 동안에 걸쳐, 이 질문을 마음에 새기고, 단언한 응답에서 변화를 만들어라. 이러한 변화와 그러한 변화를 만드는 내부와 외부의 사건이나 자극과 접촉하라. 기억할 것은, 진정으로 효과적인 리더는 자신이 리드하는 그 사람들보다 더, 또는 그 사람들뿐만 아니라 자신을 잘 안다.

- 당신은 어떤 사람인가?

던 내용을 응용하는 데 도움을 줄 것이다. 펜과 종이 말고 준비해야 하는 것은 매일 잠시 동안 이 계획의 각 장을 넘기면서 계획을 세우는 것이다. 그러고 난 다음, 3주의 마지막 날에, 첫 번째 부분으로 돌아가서 당신이 학습한 것과 당신이 이미 알고 있는 것을 비교하라. 우리는 당신이 유능한 리더로 기능하기 위한 능력에서 극적인 변화를 볼 것이라 믿는다.

- 당신은 지금 무엇을 하고 있는가?
- 당신은 어떤 사람이 되길 원하는가?
- 당신은 어떤 결심을 하고 싶은가?

2일

자본이 부족한 회사는 돈을 빌릴 수 있다. 위치가 형편없는 회사는 위치를 옮길 수 있다. 그러나 리더십이 부족한 회사나 조직은 살아남기 힘들다. 사람들은 너무 자주 과도하게 관리하고, 리더십을 발휘하지 못한다. 단기적인 수익만이 그들의 비전이다. 혁신은 결과에 지고 만다.

조직에 다시 초점을 맞추고 다시 만들어서 다음 세기까지도 번영하기 위해서는 새로운 계통의 리더십이 필요하기 때문에, 리더는 리더십이 본질적으로 인간 비즈니스임을 알고 있고, 리더십이 행동으로 실행될 때 모든 사람의 삶의 질이 향상된다고 믿으며, 더 큰 복지를 위한 약속, 확신, 일관성을 사용하는 사람이어야 한다.

1에서 5까지의 등급(1은 최저, 5는 최고)은 당신이 다음에 제시된 특징을 현재 얼마나 가지고 있는지 평가한다. 될 수 있는 한 솔직하게 대답하라. 당신의 답이 당신이 지금 어디에 있는지 반영함을 기억하라. 훗날 이 부분으로 돌아와서 리더와 한 개인으로서 당신의 발전이 계속되고 있을 때도 자신을 재평가할 수 있다.

● 야망/동인	1	2	3	4	5
● 전문 기술	1	2	3	4	5
● 성실성	1	2	3	4	5
● 비전	1	2	3	4	5
● 성과	1	2	3	4	5
● 효과성	1	2	3	4	5

가장 낮은 점수를 매긴 항목을 최소 두 개 선택하라. 왜 그런 영역에서 자신이 약하다고 생각하는지 판단하라. 그 영역에서 자신이 더 강해지도록 돕기 위해 당신이 취할 수 있는 구체적인 행동을 최소한 세 가지 생각해보라.

3일

임원의 자질은 삼각대의 세 다리처럼 행동하는 세 가지 자질, 즉 건설적인 야망, 뛰어난 전문성, 일관된 가치관으로 나타난다. 이 세 가지 자질은 계발된 것일 뿐만 아니라 서로 균형을 이룬다.

삼각대의 한쪽 다리가 너무 짧거나 너무 길거나 없으면 굳건히 서거나 적절하게 기능할 수 없는 것처럼, 리더에게 필요한 자질 가운데 하나가 덜 계발되거나, 과잉 계발되거나, 없으면, 그 리더는 흠이 있으며, 그것은 아마도 치명적인 흠일 것이다.

임원의 세 가지 자질 가운데 하나는 일관된 가치관을 유지하는 것이지만, 얼마나 많은 사람이 자신의 가치관이 무엇인지 정확히 말할 수 없는지 보고 우리는 자주 놀라고 낙담한다. 당신은 당신이 무엇을 믿는지 아는가? 당신이 열정적으로 느끼는 것과, 견디는 것을 여섯 개 정도 재빨리 종이에 적어라.

이제 당신이 열거한 항목 가운데 당신의 행동에서 일관적으로 반영되는 항목 옆에 체크 표시를 하라. 즉 당신의 원칙을 따라 행동할 때 드러나는 가치관과 신념을 확인하라.

옆에 체크 표시를 할 수 없는 가치관, 즉 당신이 반대로 행동하는 가치관이 있으면, 당신의 신념에 맞게 행동하지 않았던 구체적인 사례를 적어보라. 그런 사례가 일어났을 때 당신은 그것을 알고 있었는가? 어떤 느낌이었는가? 지금은 어떻게 생각하는가?

당신의 가치관과 신념과 근접한 일직전상에 있는 행동을 하기 위해서 취할 수 있는 구체적인 행동을 열거하라.

4일

아름다움처럼, 리더십도 매우 다양한 형태로 나타난다. 우리가 이 책에서 논의했던 많은 특징에는 지능, 유머, 방어성, 공정성, 결단력이 있다. 그러나 이 특징을 비롯해 다른 특징에 대한 이해와 계발을 어렵게 하는 것은 바로 그 특징과 명백히 대조되는 특징의 출현이다. 예를 들어 리더는 인내심과 긴급성의 특징을 동시에 지닌 사람이다. 그/그녀는 쉽게 만날 수 있는 사람이어야 하지만 너무 그래서는 안 된다. 효과적인 리더가 되는 것은 적어도 행동의 균형을 맞추는 것이다. 언제 무슨 특징이 필요한지 아는 것과, 어떤 특징이 필요하고 적절하다고 생각될 때 1순위에 두는 것은 특징에 변화를 가하는 과정의 문제이다.

아래의 지면에 리더가 무엇인지 개인적으로 묘사해보라. 이 책에 있는 특징들을 반복할 필요는 없다. 그보다는 개인적인 경험, 개인적인 욕구, 우선사항에 입각하여 당신만의 리더십 기술을 구축할 수 있는 의미 있는 토대가 되는 정의를 만들라.

5일

지도자의 지위를 동경하는 남자/여자에게 전수할 단 하나의 비법이 있다면, 그것은 아이디어나 계획에 대한 현명한 조언, 즉 믿을 수 있고, 책임감 있는 비평과 비판에 의지할 수 있는 어떤 사람을 그나 그의 인생에 끌어들이는 것이다.

그러한 현명한 조언을 장려하기 위해서 결국, 고의적으로 이의를 도출하는 길로 가는 것은 리더의 인격과 자존심을 시험한다. 진정한 리더는 의견 차이 때문에 위협을 받지 않으며, 그것을 기쁘게 받아들이고, 그것을 찾아낸다는 사실을 기억하라.

아래의 질문이 맞으면 (T), 틀리면 (F)에 표시하라.

a. 나는 건설적이고 비위협적인 방식으로 현명한 조언을 제공할 수 있는 내 능력을 확신한다.

T______ F______

b. 나는 어떤 계획의 약점뿐만 아니라 이점에도 일관적으로 초점을 맞춘다.

T______ F______

c. 나는 고마워하며, 비위협적인 방식으로 현명한 조언을 받아들일 수 있는 내 능력을 확신한다.

T______ F______

d. 나는 상냥하고 감사해 하며 피드백과 비판을 일관되게 받아들인다.

T______ F______

e. 나는 현재 내 삶에서 내게 현명한 조언을 주는 사람이 최소한 한 명은 있다.

T______ F______

f. 나는 현재 내 삶에서 나에게 현명한 조언을 받는 사람이 최소한 한 명은 있다.

T______ F______

현명한 조언을 주거나 받으면서 볼 수 있는 위험은 무엇인가? 이러한 위험을 어떻게 피할 수 있는가? 당신은 비판, 창의적인 이견, 반박적인 생각을 평가하기 위한 체계가 있는가? 당신은 당신이 열거한 그런 위험과 부정적인 면을 피할 수 있는 체계를 하나 고안할 수 있는가?

6일

관점이 없으면 당신은 어디에 위치하는가? 비전이 없으면 어디에 의미가 있는가?

비전은 다양하게 설명할 수 있지만, 기본적으로 비전은 당신이 원하는 것이 무엇인지 아는 감각이다. 그러나 그런 감각, 그런 비전은 한 조직에 있는 모든 사람에게 분명하게 표현해야 하며, 그보다 더 중요한 것은 실행되지 않으면 쓸모가 없다. 비전은 모름지기 설득력 있고 일관적인 조직적 행동으로 항상 유지되어야 한다.

리더는 비전을 가지고 있다. 리더는 주변에 있는 사람을 정서적으로 끌어들여 비전과 비전 성공의 관계자로 만드는 방식으로 그들에게 비전을 전달한다.

아래의 지면에 당신이 당신의 조직에 대해 지닌 비전을 써라. 당신이 자신에게 비전을 분명하고 간결하게 설명할 수 있는 능력은 극히 중대하다. 당신이 그 비전을 자신에게 전달할 수 없으면, 다른 사람에게는 어떻게 전달하겠는가?

7일

리더는 세상에서 가장 결과지향적인 사람이다. 결과에 대한 이런 집착과 주목은 자신이 무엇을 원하는지 알 경우에만 가능하다. 당신이 무엇을 원하는지 알고, 그것을 행동으로 옮길 수 있는 능력은 효과적인 리더십의 두 가지 열쇠다.

- 조직이 당신의 비전에 가까워질 수 있는 단기 목표 하나를 종이에 적어보라.
- 그런 목표를 당신 조직에 있는 다른 사람에게 어떤 방식으로 전달하겠는가?

- 그런 목표를 향한 발전을 측정할 수 있는 방법에는 구체적으로 어떤 것이 있겠는가?

- 당신은 그런 발전에 어떻게 보상할 것인가?

- 결과에 꼭 필요하지 않은 직무나 부서를 포함해서, 당신의 목표를 방해하는 장애물이 있는가?

리더는 자신을 창조한다. 리더는 마음을 진정시키고, 자기 자신을 자신만의 피조물로 만들기 위해 배운다. 리더가 될 사람은 자신이 자기 자신을 변화시켜야 하고, 다른 사람들에게 그리 많은 도움을 얻지 못할 것임을 각오해야 한다.

당신 자신이 되고, 책임을 떠맡으며, 자신을 표현하는 방법을 가르쳐 줄 사람은 아무도 없다. 오직 당신만이 그렇게 할 수 있다. 자기 인식의 네 가지 교훈을 기억하라. 당신에게 최고의 교사는 당신이다. 책임을 받아들여라. 아무도 비난하지 마라. 배우고 싶은 것은 어떤 것이든 배울 수 있다. 진정한 깨달음은 경험에 비추어봄으로써 얻는다.

- 직업적으로 향상시키기 위해 당신이 배워야 할 필요가 있는 것은 무엇인가?

- 당신은 이러한 교육을 받기 위해서 어떻게 할 수 있는가? 당신에게 필요한 수단

과 교사는 무엇인가?

- 이렇게 배운 새로운 지식으로 당신은 무엇을 할 것인가?

- 당신을 개인적으로 향상시키기 위해 배워야 할 것은 무엇인가?

9일

리더는 사람들에게 자신을 신뢰하라고 명령할 수 없다. 신뢰는 얻는 것이다. 신뢰는 조직의 모든 계층에 걸쳐서 아래를 신뢰하고, 위를 신뢰하며, 옆을 신뢰하는 상승적인 관계가 되어야 한다.

아래의 신뢰의 C 네 개에 당신이 지니고 있는 수준을 1부터 5까지(1은 최저, 5는 최고)의 등급으로 점수를 매겨라.

- 능력(Competence)   1 2 3 4 5
- 협력(Congruity)   1 2 3 4 5
- 배려(Caring)   1 2 3 4 5
- 일관성(Consistency)   1 2 3 4 5

다음 지면에 직업상으로나 개인적으로 전적으로 신뢰하는 한 사람의 이름을 써라. 그 사람의 이름 아래에는, 당신에게 그러한 신뢰를 만든 그/그녀가 소유한 특징을 써라. 마지막으로, 당신과 그 사람의 공통된 특징의 오른쪽에 체크 표시를 하라.

● 이름 : ___

● 특징 : ___

___

___

10일 리더가 리드하는 남자/여자들의 신뢰를 얻을 수 있는 가장 중요한 방법은 그들의 의견을 듣는 것이다. 이것은 아주 간단해 보일지 모르지만, 의견을 듣는 기술에 정통한 사람은 실제로 거의 없다.

사람들이 하는 말에 동의하든 동의하지 않든 리더는 그들의 의견에 대해 관심을 가지고 있음을 그들에게 보여준다.

아래의 지면에, 당신의 듣기 능력에 대한 생각을 기록하라. 어떤 종류의 청자인가? 강점은 무엇인가? 약점은 무엇인가? 듣기 능력을 향상시키기 위해 당신은 구체적으로 무엇을 할 수 있나? 당신은 듣기 능력이 향상될 수 있는 분야를 나타내는 특정한 사건을 기억할 수 있나?

___

___

___

___

___

11일

리더의 임무이자 가장 큰 기쁨은 직원들의 발달을 촉진시켜 그들의 발전을 즐기고 장려하는 것이다. 그것의 목표는 직원들을 자신들이 소중하고, 유능하며, 회사의 일원이라는 느낌을 확신하는 권한을 위임받은 직원들로 만드는 것이다. 이것은 결국 일터에서 더 나은 질과 더 많은 혁신을 이끌 수 있다.

리더는 주변에 있는 사람들에게 역할모델이 되고, 직원이나 동료가 바라는 특징을 나타냄으로써 권한을 위임받은 직원을 발달시키기 시작한다. 이렇게 하기 위해 리더가 보여야 할 모습 가운데 중요한 것 네 가지는 희망적 · 낙천적이며, 기꺼이 위험을 받아들이고, 정직하며, 이해해주는 모습이다.

네 가지 특징에 대한 자신의 점수를 1에서부터 5까지(최저 1, 최고 5)로 채점하라. 그리고 난 뒤, 주어진 지면에 다음과 같은 질문에 관해 자신에게 각 특징에 대해 어떻게 점수를 매겼는지 대답하라. 원하는 점수를 얻었는가? 이 영역의 점수를 향상시키기 위해서는 무엇을 할 수 있는가?

- 희망적/낙천적 1 2 3 4 5

- 기꺼이 위험 무릅쓰기 1 2 3 4 5

● 정직함　　　　　　　　1　2　3　4　5

● 이해　　　　　　　　　1　2　3　4　5

12일 리더십의 성공에서 위임은 또한 극히 중대하다. 결집력이 있는 한 조직의 아이디어가 확장되는 위임은 다음과 같은 세 가지 사실을 확인한 뒤에만 일어난다. 즉 무슨 일이 행해져야 하고, 직원들은 무엇을 하고 싶으며, 직원들은 무엇을 하는 데 능력을 보이는가이다.

새로우며 더욱 도전적인 업무를 떠맡을 수 있는 남자/여자를 찾는 것은 리더가 다른 세부사항에 집중하는 것에서 해방될 수 있을 뿐만 아니라, 새로운 세대의 리더십 출현을 창조하고 촉진한다.

어떤 면에서 책임을 위임한다는 말은 당신이 맡은 직무의 일부분이나, 당신이 속한 조직의 일부분에 대한 지배권을 일시적으로나마 포기함을 의미한다. 지배권 포기를 어떻게 생각하는가? 이익은 무엇인가? 불이익은 무엇인가? 마지막 이 두 질문에 대한 당신의 대답에서 비합리적인 측면이 있는가?

당신의 직원에게 책임을 위임하려면, 누구에게 위임할 것인가? 왜 그/그녀가 더 많은 책임을 떠맡을 준비가 되어 있다고 생각하는가? 당신이

현재 맡고 있는 책임에서 어떤 부분을 넘겨줄 것인가? 당신이 위임을 받는 시기에 무엇을 할 것인가?

13일

위험을 떠맡고, 리더가 원하는 변화에 당신의 조직을 적응시키는 것은 리더의 많은 다른 업무 가운데 하나이다. 그러나 위험은 대부분의 조직에서 가볍게 다루어지는 것도 아닐 뿐더러 변화의 개념도 아니다.

리더는 무엇을 해야 하는가?

인정(Acknowledge), 창조(Create), 권한위양(Empower), 즉 ACE라는 새로운 패러다임을 활성화하는 것은 리더의 책임이다. 그 패러다임이 조직 전체가 대부분의 사람들에게 신뢰할 수 있는 것처럼 보였던 세월을 떨쳐버려야 함을 의미한다 하더라도 말이다.

아래 지면에 당신의 현재 스타일이 COP(통제Control, 명령Order, 예측Predict) 스타일이나 ACE(인정, 창조, 권한위양) 스타일에 왜 가깝고, 얼마나 가까운지 상세히 설명하라.

위의 질문에 당신의 대답이 어떻든 간에, 인정, 창조, 권한위양을 통해서 상당히 일관적으로 리드하는 사람이 되기 위해서 당신이 할 수 있는 일은 구체적으로 무엇인가?

당신 주변에 있는 사람들에게 권한을 위양할 수 있는 최선의 방법에 관한 당신의 아이디어는 무엇인가? 아래 공간을 이용해 브레인스토밍하라.

14일 한 조직을 변화시키고 조직을 평가하는 가장 확실한 방법은 위기를 통해서이다. 한 회사의 비전은 직원과 마찬가지로 위기에서 확실하게 검사받는다. 만약 그 비전이 공격을 받으면서도 견디어내면, 그 비전은 더욱 강력해지고 모든 관계자에게 더욱 의미 있는 것이 된다. 위기 극복은 또한 새로운 방식으로 일을 하고 문제를 해결하는 기회를 제공한다. 그 방식은 당신이 회사의 비전을 깨닫는데 한 걸음 앞으로 가져다놓을 것이다.

효과적인 리더는 주마등처럼 생각하는 방법을 배워야 한다. 그/그녀가 체계에 관해 생각할 때, 그것은 제한하는 체계가 되어서는 안 된다. 오히려 리더는 본질적으로 파트너십 체계를 구축하고 믿어야 한다. 계층제는 힘을 빼앗는다. 파트너십과 팀은 힘을 준다.

당신 조직에서 발생한 최근의 위기를 생각해보라. 자세한 내용은 무엇인가? 무엇이 상황을 위기로 만들었는가? 그 위기는 어떻게 처리되었는가?

당신 조직은 위기의 결과로서 어떻게 변했는가? 위기의 결과로서 발생해야 했다고 생각한 다른 변화가 있는가? 왜 그러한 변화는 발생하지 않았는가?

당신은 개인적으로 그 위기에 어떻게 반응했는가? 당신은 결과적인 변화에 어떻게 반응했는가? 그 변화를 보고 어떻게 생각했는가? 당신은 그 과제를 감당할 수 있었는가? 어떻게 수행했는가? 당신은 어떻게 다르게 했으면 했는가? 당신이 어떻게 더 잘하길 바라는가?

15일

리더가 어떤 분야에서 전문가가 되어야 하는지, 또는 폭넓은 범위에 걸친 일반적인 지식이 더 선호되는지는 논쟁이 진행 중이다. 궁극적으로 리더의 목표는 특정한 분야의 세부사항에 관해 날카로운 이해력이 있을 뿐만 아니라, 큰 그림을 보고 이해할 수 있는 지식과 능력을 지닌 깊은 제너럴리스트가 되는 것이다.

당신은 스페셜리스트인가 제너럴리스트인가?

당신의 대답을 뒷받침하기 위해 제시할 수 있는 증거는 무엇인가?

당신은 좀더 깊은 제너럴리스트가 되기 위해 구체적으로 무엇을 할 수 있는가?

16일

냉혹함이 리더의 영혼에 들어가는 순간, 즉 크나큰 실패를 하는 순간은 또한 크나큰 학습을 할 수 있는 순간일지도 모른다.

리더는 실수를 저지를 준비가 되어 있고, 기꺼이 실수를 저질러야 하며, 그렇게 똑같이 하는 다른 사람을 받아들일 준비가 되어 있고, 기꺼이 받아들여야 한다. 왜냐하면 오로지 실수를 통해서만 일을 더 잘하는 방법을 만들어낼 수 있기 때문이다.

리더가 다른 사람들의 실수뿐만 아니라 자신의 실수를 처리하는 방법은 그 조직이 운영될 방식과, 조직이 성공할 것인지 실패할 것인지에 대한 사실을 증명하고도 남는다.

당신이 일하면서 저지른 최근의 실수는?

당신은 실수를 인정했는가? 어떻게 인정했는가? 어떤 느낌이었는가?

당신이 잘못을 인정하지 않았다면, 왜 그랬는가? 당신이 잘못을 인정했다면 무슨 일이 일어났을까?

최근에 하급자가 실수를 인정했을 때, 당신은 어떻게 반응했는가? 당신은 그 반응에 만족하는가?

당신이 그 반응에 행복해하든지 아니든지 간에, 당신은 다음번에 하급자가 잘못을 인정할 때, 더 좋은 반응, 더 건설적인 반응을 보이기 위해서 무엇을 할 수 있는가?

17일

비난을 다른 사람에게로 떠넘기는 것은 습관일 수 있다. 그러나 그것은 모든 리더가 깨뜨려야 할 습관이다. 당신이 당신의 잘못에 대해 다른 사람을 비난하는 경향이 있다면, 당신이 리드해야 할 남자/여자들에게서 절대로 존경받지 못할 것이다.

아래 지면을 이용해서 당신이 당신의 잘못을 다른 사람에게 떠넘기려 했던 때를 회상하라.

다른 사람을 탓하려는 시도는 성공적이었는가? 성공적이었든 아니든 간에, 그 당시에 어떤 느낌이었는가?

지금 그때를 회상하면 당신의 시도에 대해 어떤 생각이 드는가?

당신이 더 잘, 그리고 기꺼이 당신의 잘못과 행동에 책임을 떠맡을 수 있다고 다른 사람들에게 확신시키기 위해 미래에 취할 수 있는 구체적인 행동은 무엇인가?

언어와 문화적 다양성, 성별과 인종에 따른 편견은 비즈니스 세계에서 새로운 주제가 아니다. 오늘날 다문화 환경에서, 리더는 성 중립뿐만 아니라, 인종차별주의와 다른 개인적인 편견을 알고 있어야 한다. 지난 무서운 10년 동안, 인간의 재능은 너무 고귀해서 당신 조직에 있는 사람이 누구이고, 어떤가에 따라 쉽게 그들의 자격을 박탈했다.

아래 문장을 완성하라. 경우에 따라 이 질문은 달갑지 않은 경험일 수도 있지만, 우리는 우리가 지닌 신념과 편견을 바꾸려고 애쓰기 전에 그것을 알고 이해할 필요가 있다. 될 수 있는 한 솔직하게 답하라.

a. 남성 경영자는 ______

b. 여성 경영자는 ______

c. 아프리카계 미국인 경영자는 ______________________

d. 카프카스계 경영자는 ______________________

e. 히스패닉계 경영자는 ______________________

f. 아시아계 경영자는 ______________________

g. 천주교도 경영자는 ______________________

h. 유대교도 경영자는 ______________________

i. 정통 기독교도 경영자는 ______________________

j. 게이와 레즈비언 경영자는 ______________________

불행하게도 지금 시대는 소모, 새로운 도전 과제 탐색, 새로운 일을 고려하는 시대이다. 리더는 끊임없이 다른 사람들과 자기 자신의 불만족에 대해 주의하고 있다. 그들은 투쟁하여 소진하기 위해 준비한다. 모든 개인은 너무 소중해서 무시당하면 패한다.

주어진 지면에서, 왼쪽 칸에는 직무에 불만족하는 징후나 증상을 열거하라. 가운데 칸에는 당신이 관리하는 사람 가운데 이러한 각각의 징후를 보이는 사람의 이름을 써라. 오른쪽 칸에는 당신이 원래 알고 있는 징후 옆에 체크 표시를 하라.

20일

리더를 찾을 때 선택할 사람의 종류는 네 가지이다. 지나치게 야망 있는 사람, 과학자나 전문가, 성실한 월급쟁이, 야망이 지나치지 않은 똑똑한 사람 말이다. 이 네 종류에서 끝에 있는 야망이 지나치지 않은 똑똑한 사람은 지배층의 지위를 선택할 때 최고의 선택이다. 왜냐하면 이런 사람은 권력 없이도 편히 살 수 있기 때문이고, 그/그녀가 리드했던 모든 사람에게 존경을 받기 때문이다.

위에서 열거한 네 종류의 사람 가운데 당신은 어떤 범주에 속하는가? 한 개인이 다양한 범주에 이를 수 있다고 생각하는가? 그/그녀가 일을 하는 과정에서 범주를 바꿀 수 있다고 느끼는가? 무엇이 그러한 변화를 야기할 것인가?

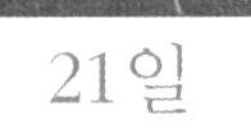

효과적이고, 지원적이며, 창의적인 리더가 되려면 21일이 걸린다. 그것은 한 직업이나 생애에 걸쳐 있을지도 모르는 진행되는 과정이다. 그러나 지난 21일 동안 당신은 리더십의 핵심에 꼭 들어맞는 많은 문제를 접했다. 당신은 당신이 어떻게 행동하고 어떻게 느끼는지, 자신에 대한 질문에 직면했다. 당신은 자신의 리더십 능력과 다른 사람의 리더십 능력을 향상시키기 위한 중요한 첫 발을 내디뎠다. 그리고 회사의 다음 세대와 사회적인 리더를 발전시키기 위해 무엇이 필요한지 배웠다.

당신이 필요하다고 생각할 때마다 자주 이 계획을 다시 보되, 몇 달에 한 번은 꼭 보라. 여기서 제시된 질문을 그보다 더 자주 자신에게 물어보라. 당신은 이 21일 계획의 맨 첫날에 아래 질문에 대답을 했다. 당신이 새로운 지식을 얻고 열심히 일한 덕분에 이러한 질문에 관한 대답이 이

제 다소 달라졌다고 해도 놀라지 마라. 가장 중대한 인식이나 꿈은 불안정하다.

당신은 누구인가?

당신이 누구인지 다른 사람들에게 가장 잘 말할 수 있는 방법은 무엇인가?

당신은 지금 무엇을 하고 있는가?

위의 답변에 대한 이유로는 어떤 것을 들 수 있는가?

당신은 어떤 사람이 되고 싶은가?

그런 모습으로 탈바꿈하기 위해서는 어떤 목표를 설정하고, 어떤 행동을 취할 수 있는가?

당신의 성과가 어떻게 되었으면 좋겠는가?

그것이 어떻게 당신과 당신 주변의 직원이 더 나은 직원과 더 나은 리더가 되게 도와 줄 것인가?

• 옮긴이의 말 •

『워렌 베니스 & 로버트 타운센드, 리더를 말하다』는 워렌 베니스가 지금까지 연구해 왔던 리더십이라는 주제를 갖고 로버트 타운센드와 대담하는 형식을 취하고 있다. 워렌 베니스는 대학 총장으로서 대학 조직이 리더십을 발휘하여 창조적으로 변화하는 데 얼마나 많은 문제를 갖고 있는지 현장에서 체험한 인물이다.

그의 수많은 리더십 연구서들은 오늘날 리더십에 관한 한 가장 권위 있는 위치를 부여해주고 있다. 로버트 타운센드는 기업 현장에서 자신만의 문제해결 능력을 보여줌으로써 번영의 토대를 마련했던 인물이다.

사실 리더십이라는 주제는 경영 현장에서 꼭 필요한 요소이지만 그다지 배우려고 하지 않는 전형적인 분야이기도 하다. 21세기 조직, 즉 기업 조직이건 정부 조직이건 또는 비영리 단체이건, 조직은 리더십을 발휘하는 유능한 리더에 의해 움직여야만 문제를 해결하고 사명을 다할 수 있다.

하지만 오늘날에도 여전히 기업 경영자들은 구시대적인 권위주의에 집착하면서 명령과 통제로 조직을 이끌어가려 한다. 그들은 결국 사원을 임무를 완수해 나가는 동료로 보지 않는 것이다.

그렇다면 21세기의 조직이 영구적으로 번영하려면 어떻게 해야 할까. 이 책에 그 문제에 대한 해결책이 명쾌하게 제시되어 있다. 예를 들어 21세기의 조직이 영구적으로 번영하기 위해서는 지식자산과 창조성을 중시하는 기업문화를 조성하고, 사원들에게 권한을 대폭 위임하여, 책임감을 갖고 일할 수 있게 해야 하는 것이다. 그래야만 급변하는 경영 환경에 대응하고 전략을 세울 수 있다.

이런 개념을 조직들이 모르고 있는 것은 아니다. 그래서 '자율적인 업무 환경중시' 같은 사훈을 걸어둔 기업들도 많다. 그러나 이들 조직에서 일하는 사원이 멀리 출장을 떠나야 한다면, 아마도 최소한 다섯 번은 결재 도장을 받아야 비로소 출장길에 오르게 될 것이다. 결국 조직의 경영자들은 경영 현장에서 새로운 변화에 적절히 대응하지 못하고 있는 것이다.

오늘날 리더십은 경영의 성공과 실패를 가르는 중대한 요소가 되고 있다. 그것뿐만 아니라 친구관계에서나 가정에서조차도 리더십은 절실히 요구된다.

우리는 이 책에 제시되는 성공과 좌절의 사례들을 한번 더 고려해 보아야 한다. 그렇게 함으로써 리더십을 발휘해야 할 위치에 있든 리더를 추종하는 입장에 있든, 많은 변화를 일으킬 수 있을 것이라고 생각한다.

워렌 베니스의 리더십에 관한 지식은 실제로 도움이 많이 될 것이라고 생각한다. 대담에서는 현재의 기업 환경에서 당장 실천하기 어려운 개념도 제시되나 미래의 번영을 위해 충분히 실천해볼 만한 가치 있는 조언들이다. 독자들이 이 책을 읽고 현장에서 리더십을 발휘하고 리더로서 목적한 사명을 이룰 수 있기를 기대한다.

2006년 9월

양영철